我想快乐的学习

学习其实是一件快乐的事

泰博象/主编

黑龙江科学技术出版社

图书在版编目（CIP）数据

我想快乐的学习：学习其实是一件快乐的事 / 泰博
象主编. -- 哈尔滨：黑龙江科学技术出版社, 2016.10
　　ISBN 978-7-5388-8632-0

　　Ⅰ.①我…　Ⅱ.①泰…　Ⅲ.①学习方法－少儿读物
Ⅳ.①G791-49

　　中国版本图书馆CIP数据核字（2015）第310475号

我想快乐的学习：学习其实是一件快乐的事
WO XIANG KUAILE DE XUEXI : XUEXI QISHI SHI YIJIAN KUAILE DE SHI

作　　者	泰博象	
责任编辑	王嘉英	
封面设计	游　麒	
出　　版	黑龙江科学技术出版社	

地址：哈尔滨市南岗区建设街41号　邮编：150001
电话：（0451）53642106　传真：（0451）53642143
网址：www.lkcbs.cn　www.lkpub.cn

发　　行	全国新华书店
印　　刷	北京彩虹伟业印刷有限公司
开　　本	710 mm × 1000 mm　1/16
印　　张	12
字　　数	100千字
版　　次	2016年10月第1版
版　　次	2016年10月第1次印刷
书　　号	ISBN 978-7-5388-8632-0
定　　价	29.80元

　　成长从来都是伴随着疼痛的，就像是毛毛虫，为了变成美丽的蝴蝶翩翩起舞，必须要历经磨难和煎熬，最后奋力一搏，冲破束缚！孩子们的成长也是如此，每一个孩子在成长的过程中，都会遇到各种各样的问题和麻烦。随着年龄的不断增长，孩子们的内心也都有了自己的小秘密和小烦恼：也许他曾经因为受到朋友的排挤而悄悄哭泣过；也许他曾经因为自己长得不够漂亮而暗暗自卑过；也许他曾经因为好朋友取得成绩而心生嫉妒过；也许他曾经因为不能像其他同学那样穿一身名牌而愤愤不平过……

　　可是，这些小秘密和小烦恼，孩子们该向谁诉说呢？也许他们正在苦苦寻找倾诉的对象……现在，父母们不用担心了，因为孩子们的"好朋友"到来了！

其实，每个孩子都具有自我成长的潜能，孩子只有在自我教育中才能更好地发展和完善自我。这套丛书选取了孩子们在日常生活和学习过程中最容易遇到的六个问题，用故事的形式亲切地打动孩子，动之以情，晓之以理，帮助孩子们冷静地面对自己遇到的问题，解除困惑，使孩子们更加健康快乐地成长，是成长期儿童不可多得的心灵营养自助餐。

小朋友们，每一个好故事，都会带你一起种下美丽人生的种子；每一个好故事，都是帮助我们领悟人生哲理的一盏明灯，让我们怀揣希望和梦想，从此开启快乐和成功的旅程！

CONTENTS 目录

Part 4 学习方法要正确

Part 5 做最好的自己

Part 1　读书的好处

小鸟和老鼠

——多读书就不会有人嘲笑你无知

小鸟经常在天空中飞翔，它们多次经历雨水的洗礼。时间久了，它们深信，水是从天上来的。

一天，有一只小鸟看到一只老鼠在地上挖洞。小鸟问老鼠："你在干什么？"

老鼠说："我在挖井。地下有水，挖到一定深度，水就会冒出来。"

小鸟说："据我多年的观察，天上才会有水，地下不可能有水，你挖井是白费功夫。"

老鼠说："我的同伴已经从地下挖出了水，这是毫无疑问的。你认为只有天上才有水，那是片面的看法。"

小鸟说："我们飞得那样高，比你看得远多了。我说地下没有

水，地下就没有水。"老鼠不愿与小鸟争执，于是不搭理它了。

小鸟很生气，它飞到天空中，找到了许多伙伴。它们联合写下了一个证明：一千只小鸟证明老鼠的说法是错误的。

老鼠看到了小鸟们的证明，冷笑了一下，依然挖井。

小鸟十分恼怒，它同老鼠大吵起来。它对老鼠说："你把一千只小鸟的证明当成什么啦？你是不是太狂妄了？你们老鼠个个都是不知天高地厚的东西。"

老鼠反唇相讥："你们不会挖井才会这样说，一群没有用的家伙。"

大象听到了它们的吵闹声，便前来调节。

大象听了它们各自的讲述之后，意味深长地对小鸟说："一千只小鸟的无知与一只小鸟的无知是一样的，确实是你们错了。"

小鸟一听这话，气急败坏地飞走了。

想一想

❶ 小鸟为什么坚定地认为水是从天上来的？

❷ 小鸟和老鼠的争吵说明了什么？

❸ 读完了这个小故事，你的感想是什么？

心·灵·成·长·课·堂

小鸟之所以那么坚定地认为水是从天上来的，那是因为它坐井观天、见识短浅。如果它多去学习，多掌握一点知识的话，就不会出现这样的结果。小朋友们，如果你不想成为别人眼中的无知者，不想被人嘲笑，就要珍惜每一分每一秒的时间认真读书，增长见识。

知识的海洋无比浩瀚，书是记录知识的载体，而读书是人们获得知识的一条很重要的途径。通过读书，我们可以接触到不同的知识，来扩大自己的眼界，丰富自己的阅历，陶冶自己的情操。著名的哲学家、作家和科学家培根曾说过："知识就是力量。读史使人明智，读诗使人聪慧，数学使人精密，哲理使人深刻，伦理学使人有修养，逻辑修辞使人善辩。"书确实是我们的良师益友，可以激励我们不断地前进、不断地成长。

多读书还可以让你变得更聪明，让你勇敢地去面对困难。最重要的是，读书也是一种休闲、娱乐的方式，可以让你的心情得到放松，在书的海洋里遨游也是一件极其美妙的事情。所以，我们应该多读书，为自己的人生打下坚实的基础！

指 点 迷 津

1. 一个人不管有多聪明、多能干，总会有不如别人的地方。知识也是一样，无论你多么博学，总有你不懂的东西。所以应该抱着学习的心

态，以求掌握更多的知识。那样，你才不至于在人前露怯，被别人嘲笑为"无知"。

2. 我们可以通过读书来发现自己身上的不足之处，不断地改正错误，使自己的人生之船朝着正确的方向航行。

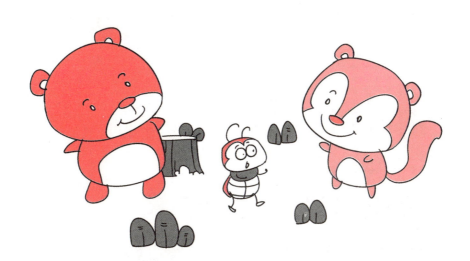

一 句 话 心 灵 启 发

生活中没有书籍，就好像世界没有阳光；
智慧里没有书籍，就好像鸟儿没有翅膀。

总理的回答

——读好书助你更好地实现理想

一九一一年年底，周恩来在沈阳东关模范学校上学。这一天，魏校长亲自为学生上修身课，题目是"立命"。当时正是中国社会发生剧烈变动的时期，孙中山领导的辛亥革命刚刚推翻了清朝政府，结束了中国两千多年的封建统治。很多人，特别是年轻人思想困惑，没有明确的追求，没有人生奋斗的目标。校长讲"立命"，就是给学生讲怎样立志。

魏校长讲到精彩处突然停顿下来，向学生提出一个问题："请问，你为什么读书？"

教室里静静的，没有一个学生回答。

"如果没有人回答，我就一个个问了！"魏校长走下讲台，指着前排的一个同学说："你为什么而读书？"这个学生站起来挺着

胸脯说："为光耀门楣、光宗耀祖而读书！"魏校长又问第二个学生，学生的回答是："为了明礼而读书。"第三个被问的学生是一个鞋铺掌柜的儿子，他很认真地回答说："我是为我爸读书的。"同学们听了哄堂大笑。

校长对这些回答都不满意，摇了摇头，又到周恩来面前，问道："你是为什么而读书？"

周恩来在学生中威信很高，前不久，辛亥革命刚刚成功，他在同学们中第一个剪掉了长长的辫子。这是很不简单的一件事，因为清政府规定，所有汉人男子都必须像满族人一样留长辫子，以表示

忠于清朝政府，不留辫子就要杀头。周恩来是第一个剪掉辫子的学生，所以，大家都很佩服他。

周恩来站起身来，教室里静悄悄的，大家都在等待他的回答。周恩来非常郑重地回答道："为中华之崛起而读书！"

"为中华之崛起而读书！"回答得多好啊！一句话，表达了周恩来从小立志振兴中华的伟大志向。

魏校长没有想到，竟然有这样出众的学生，非常高兴。他示意周恩来坐下，然后对大家说："有志者，当效周生啊！"意思是说，有志气的青年，都要向周恩来学习啊！

① 面对前面三位同学的回答，校长为什么摇了摇头？

② 校长为什么说"有志者，当效周生"？

③ 你有自己的理想吗？你准备怎样实现自己的理想？

心 • 灵 • 成 • 长 • 课 • 堂

　　理想是人生的奋斗目标，一个人只有明确了自己的奋斗目标，才有可能去不懈地努力，一步一个脚印地向前发展。反过来说，如果一个人没有明确的奋斗方向，今天想干这个，明天又想干那个，结果只能是一事无成。"少壮不努力，老大徒伤悲"，如果真到了那时，后悔也晚了。

　　需要明白的是，读书是我们实现理想的桥梁。像司马迁，从小就喜爱历史，对史书很感兴趣，长大以后成为了伟大的史学家，完成了千古绝唱《史记》；鲁迅先生在幼年时，大人给他压岁钱，他总舍不得随便乱花，一点点地攒起来买书看，长大以后成了一位著名的作家、思想家和革命家；还有我们上文中讲到的周恩来总理，他更是从小就立下了"为中华之崛起而读书"的远大志向，长大以后，他真的实现了自己远大的抱负。

　　高尔基曾经说过："书是人类进步的阶梯。"通过读书，我们不仅吸

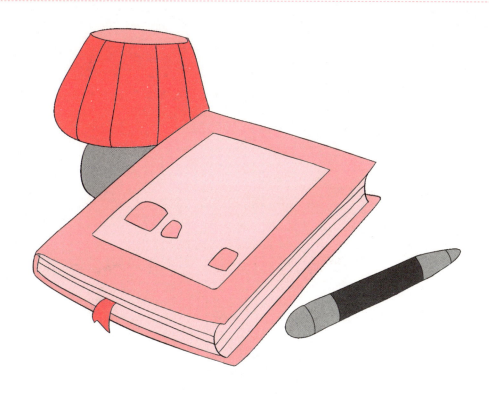

收到了知识，还学会了许多做人的道理，提高了自身的素质和涵养，更重要的是，读书使我们更加接近理想，更好地实现人生价值。

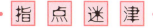

指 点 迷 津

1. 当你完成了自己的学业，走出校门，踏入社会，参加工作的时候，就能更加深刻地体会到，只有掌握了必要的知识和技能，有了良好的基础，才能更好地在工作中施展才能，才能更好地为国家、社会、人民创造更多的财富，从而实现自己的人生目标。因此，从现在开始，就要好好读书，不要为自己的人生留下遗憾。

2. 很多小朋友缺乏人生理想，可是你知道吗？人生不同于游戏，是不可以像玩游戏那样输了以后说一声"这回不算"就重新开始的。所以你应该好好地考虑一下这个问题。

一 句 话 心 灵 启 发

少而好学，如日出之阳；
壮而好学，如日中之光；老而好学，如炳烛之明。

刻苦钻研的数学家

——读书改变命运

华罗庚出生于江苏省金坛县的一个小商人家庭，家境贫寒，父亲开了一间小杂货铺，母亲是一位贤惠的家庭妇女。

初中毕业后，因生活费用昂贵，华罗庚无力进入高中学习，被迫辍学，他回到家里一边帮助父亲在小杂货铺里干活、记账，一边开始自学数学。那时，他仅有一本《代数》、一本《几何》和一本从老师那儿摘抄来的、缺页的《微积分》。为了抽出时间学习，华罗庚经常天不亮就早早地起床，点着油灯看书。炎热的夏天，他很少到外面去乘凉，而是在蚊子嗡嗡叫的小店里学习。严冬，他把砚台放在脚炉上，一边磨墨一边用毛笔蘸着墨汁做习题。逢年过节，华罗庚也不去亲戚家里串门，而是埋头在家里读书。

白天，华罗庚站在柜台前，顾客来了就帮助父亲做生意，打算

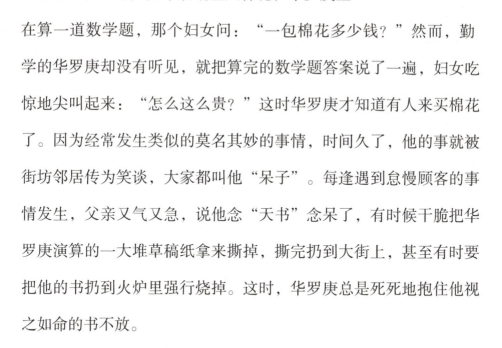

盘、记账，顾客一走

就又继续埋头看书，钻研数

学。有时入了迷，竟忘了接待顾客，以

至于有一次一个妇女来店铺里买棉花，华罗庚正

在算一道数学题，那个妇女问："一包棉花多少钱？"然而，勤

学的华罗庚却没有听见，就把算完的数学题答案说了一遍，妇女吃

惊地尖叫起来："怎么这么贵？"这时华罗庚才知道有人来买棉花

了。因为经常发生类似的莫名其妙的事情，时间久了，他的事就被

街坊邻居传为笑谈，大家都叫他"呆子"。每逢遇到怠慢顾客的事

情发生，父亲又气又急，说他念"天书"念呆了，有时候干脆把华

罗庚演算的一大堆草稿纸拿来撕掉，撕完扔到大街上，甚至有时要

把他的书扔到火炉里强行烧掉。这时，华罗庚总是死死地抱住他视

之如命的书不放。

　　就这样，勤奋刻苦的华罗庚最终成为我国现代自学成才的数学

巨匠，也成为了享誉世界的著名数学家。

想一想

❶ 华罗庚是怎样刻苦学习的?

❷ 为什么邻居都叫华罗庚"呆子"?

❸ 华罗庚是怎样成为享誉世界的数学家的?

心·灵·成·长·课·堂

　　小朋友们,当今社会既是一个知识爆炸、竞争激烈的社会,又是一个优胜劣汰的社会。要想让自己不被社会淘汰,要想像华罗庚那样改变自己的命运,就要与时俱进,不断地加强学习。

　　"鸟欲高飞先振翅,人求上进先读书",一个人改变自己命运的最好途径就是读书,读书是一种心灵的"旅行",不仅可以使你获取知识,也有助于你发掘自身的闪光点,从而更好地实现自己的人生

价值。

我们来举例说明，香港著名企业家李嘉诚，他中学没毕业，十五岁就开始挣钱养家，他勤奋好学，酷爱读书。少年时期他每天白天工作之后，晚上还要买些旧书来自学，学完的旧书再拿去卖，以换购"新"的旧书。工作之余到夜校进修，补习文化知识。虽然他连高中都没上过，但他却先后被中国的北京大学和香港大学，以及加拿大卡加里大学、英国剑桥大学等多所世界名校授予荣誉博士学位。后来他自主创业，并逐步建立长江实业集团，净资产高达数百亿美元。

由此可见，二十一世纪是知识竞争的时代，知识将最大程度地决定经济发展、民族进步、国家富强以及人类文化的提升。谁掌握了科学知识，谁就有机会改变自己的命运！

指 点 迷 津

1. 很多人喜欢自怨自艾，把自己不如意的现状归结为"命运的不公"，殊不知命运不是掌握在别人的手中，而恰恰是掌握在自己的手中。努力地读书，学好科学文化知识，就可以改变自己的命运。

2. 少年兴则国兴，少年强则国强。小朋友们不仅要为改变自己的人生和命运而读书，也要立下远大的志向，顺应时代发展的要求，为创造祖国的辉煌未来而读书。

一 句 话 心 灵 启 发

与其用华丽的外衣装饰自己，不如用知识来武装自己。

贪玩的美国总统

——读书没有那么苦

约翰·亚当斯是美国第二任总统。亚当斯在童年时期非常贪玩，对读书毫无兴趣，以致其父亲对他施行的种种诱导方式均告失败。老亚当斯十分生气，有一次，他直截了当地问十岁的亚当斯："你想干什么，孩子？"

"当农民。"小亚当斯毫不迟疑地回答。

"那么好吧，我要教你怎样当农民。"老亚当斯非常平静，"明天早上你同我去彭尼渡口，帮助我收茅草。"

第二天一早，父子俩就一起出发了，沿着小河干了一整天的活，弄得满身都是泥。

回到家中时，小亚当斯已经疲惫不堪了，对当农民的热情也锐减了。老亚当斯问儿子："你对当农民还满意吗？"他认为他对孩

子的教育已经收到成效了。

但是，孩子的回答却让他非常吃惊："我非常喜欢，先生。"
亚当斯倔强的性格维护着他那高贵的自尊心，但是，从此他却真正
开始认真读书了。后来，他对学习的兴趣也越来越浓厚，终于当上
了美国总统。

想一想

❶ 在跟随父亲干了一天活以后，小亚当斯对当农民的热情为什么锐减
了？

❷ 小亚当斯为什么开始认真读书了？

❸ 你认为学习是一件很苦的事情吗？

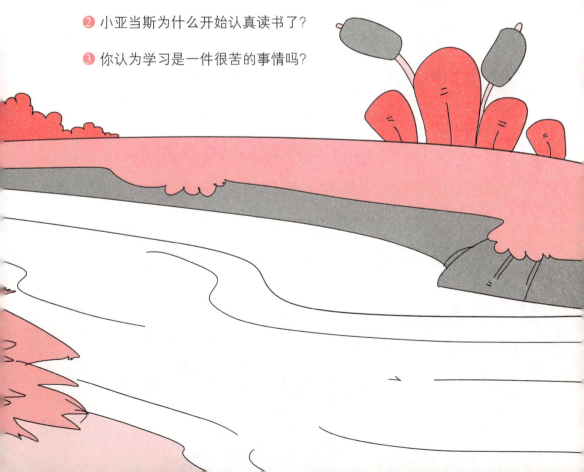

 心●灵●成●长●课●堂

　　可能不少小朋友都曾经忽略过、讨厌过、甚至憎恨过学习，认为读书、学习简直就是世界上最苦的一件差事，没有什么事情比读书学习更让自己受尽折磨的了。但是，我们通过读亚当斯的故事可以得知，世界上比读书更痛苦的事还有很多，能够有条件读书其实才是一件幸福的事。我们看一下报纸或电视就可以知道，在一些贫穷落后的地方，很多孩子吃不饱、穿不暖，读书对他们来说是一件很奢侈的事情，甚至每天要走很长时间崎岖的山路才能到达学校。比起这些孩子，我们有学上、有书读，是不是一件很幸福的事呢？

　　学习固然也是一项艰苦的劳动，在学习过程中需要付出很多努力，但是，付出与收获是成正比的。当你付出了辛劳，收获了良好的学习成绩时，自己有了成就感，爸爸妈妈的脸上也露出了欣慰的笑容，同学也很喜欢你……这些难道不都是很快乐的事情吗？因此，我们可以说，苦和甜是相对而言的，没有品尝过拼搏的辛苦，也就感受不到成功的甘甜。为了明天的甘甜，今天我们就要不怕吃苦，相反，我们还应该主动地去吃苦。世间万事万物都是这个道理，想要收获，必须付出艰苦的劳动。

指 点 迷 津

1. 很多小朋友虽然主观上有学习的愿望，但他们却不能很好地坚持下去，这就需要培养自己坚强的意志和不屈不挠的精神，遇到了一点困难就打退堂鼓，是肯定不能取得成功的。

2. 一些小朋友不爱学习，不是因为不够聪明，不是因为害怕挫折，也不是没有好的学习方法，而是贪玩。爱玩是人的天性，学习也需要劳逸结合，但过分追求安逸和享乐则会荒废学业，让人产生厌学情绪。因此一定要学会克制自己，不要把太多的时间放在玩耍上。

3. 医学研究表明，兴趣能提高人大脑皮质的兴奋状态，充分发挥人的聪明才智。因此你一定要学会培养自己的学习兴趣。其实，当你认真去学习的时候就会收到好的效果，这种好的效果会给你带来成就感，这样你对学习的兴趣就会越来越浓，甚至到入迷的地步。当你已经能在课本里寻找到无穷的快乐和成就感时，你还能说自己对学习没有兴趣吗？

一 句 话 心 灵 启 发

发奋识遍天下字，立志读尽人间书。

Part 2 人贵有志，学贵有恒

黄豆三兄弟

——成功属于勤奋的人

这一大，风和日丽、阳光灿烂，人们在集市上来来去去地穿梭着。有个卖豆子的老人也来赶集，他背着一个箩筐边走边兴高采烈地大声喊着："好吃的豆子呦，大家快来买豆子呦！"

一个卖豆芽的人和一个农夫闻声前来。卖豆芽的人掏出一个木盆说："给我一斤豆子。"

农夫也拿出自己带的袋子说："我也要一斤。"

于是卖豆子的老人放下箩筐，打开一个袋子，只见袋子里满是黄豆，其中有三颗豆子是在同一个豆荚里长大的，他们是三兄弟。

三兄弟非常紧张，他们在小声议论着："我们都会去哪呢？""这个谁知道啊？""希望有个好去处，可以轻松快乐地生活。"

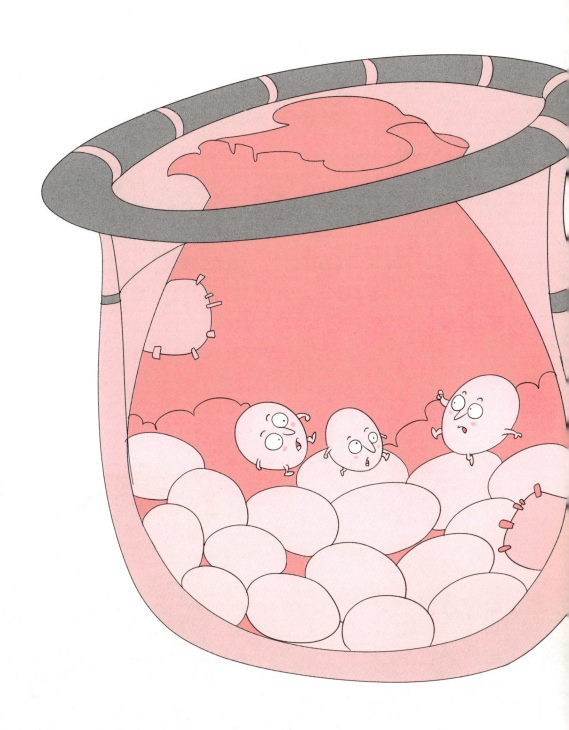

　　正当他们议论着的时候，卖豆子的老人拿起一个木头做的容器，舀起一斤豆子倒进卖豆芽那人的木盆里，豆老大就在这些豆子里面。

　　看着豆老大被卖豆芽的人带走了，豆老二和豆老三都很羡慕，他们俩又议论开了，豆老二说："大哥的命，那可真叫好呢！为什么我没有跟大哥一起被卖豆芽的人带走呢？"

　　豆老三说："其实我也挺羡慕大哥的，卖豆芽的人每天都会给他浇水，而且生活在一个温室里，不用害怕风吹日晒！"

　　豆老二正想接话，却和豆老三一起被农夫带走了。

和豆老大不同的是，豆老二和豆老三第二天就被农夫种进了地里。

"天哪，这里可真黑啊，这泥土可真硬啊！"豆老二抱怨说。

"是啊，我们没有大哥幸福，可是既然已经这样了，就只能面对现实，好好地生长吧！"

可是，没过多久，豆老二就再也不使劲把根往深处扎了，每天都懒懒散散地过日子。

"二哥，我们这的泥土水分不足，要想喝水的话，得使劲把根扎深才行啊。"

遗憾的是，豆老二不听豆老三的劝告，任凭自己的叶子一点点

地枯萎掉。豆老三却坚持不懈地把根扎得越来越深，叶子也越来越多，然后还开了花，结了豆荚。

农夫不禁赞赏道："啊，多么饱满的豆荚啊，来年就用它来做种子吧！"

豆老三也露出了微笑："这才是自己的价值啊！"

❶ 豆老二和豆老三为什么都十分羡慕豆老大呢？

❷ 豆老二被种到泥土里以后为什么每天都懒懒散散地过日子？其结局又如何呢？

❸ 为什么只有豆老三实现了自己的价值？

豆老二和豆老三之所以羡慕豆老大，那是因为它们三个曾经拥有同样的机会变成豆芽，在变成豆芽的过程中，它们会接受悉心的照料，过舒适的日子……豆老二因为没有得到这个机会终日里抱怨不已，最终也害惨了自己。要知道，抱怨可是最消磨意志和能量的行为！豆老三虽然也羡慕豆老大，但是它却没有像豆老二那样不思进取，而是及时地调整自己的心态，努力地扎根深土，使自己生长、开花、结果，最终也实现了自己的人

生价值。

　　小朋友们，如果你也想像豆老三那样实现自己的人生价值，就要付出自己的劳动和努力。"成功来自勤奋和努力"，这是古往今来被无数事实所证明的一个颠扑不破的真理。一个人之所以能够取得成功，环境、机遇、天赋等因素固然重要，但更重要的还是他自身的勤奋和努力。

　　是的，"勤能补拙""天道酬勤"，一个人即使资质一般，但是如若能够养成勤奋努力的好习惯，成功之门必向他敞开。这样的例子不胜枚举……

　　明代伟大的医学家李时珍为了写《本草纲目》，跋山涉水，采集各种药材，踏破铁鞋，历经坎坷，搏击逆浪，花了整整三十年的时间，终于著成《本草纲目》。

我国当代数学家陈景润，在攀登数学高峰的道路上，翻阅了国内外上千本有关资料，通宵达旦地看书学习、演算研究，最后取得了震惊世界的成就，成为哥德巴赫猜想的第一人。

奥地利著名音乐家莫扎特五岁时便写出了钢琴协奏曲，被认为是音乐奇才，但他从没有骄傲过，一辈子勤勤恳恳，在实践中千锤百炼，终于成为了世人敬仰的音乐家。

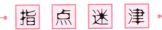

指 点 迷 津

1. 成功没有捷径，如果有，那一定是勤奋和努力。"天下没有免费的午餐"，任何人要想获得成功，都必须经过不懈的努力。

2. 让自己变得更加勤奋的诀窍就是制定属于自己的目标，并努力地向着目标前进。

一 句 话 心 灵 启 发

成功者不一定是最聪明的人，但肯定是最勤奋的人。

莱特兄弟

——让目标照亮前进路

很久以前，一位穷苦的木匠带着他的两个儿子来到一个山坡上，一群大雁鸣叫着从他们的头顶上飞过，并很快消失在远方。木匠的小儿子问父亲："大雁要飞往哪里？"父亲说："他们要去一个温暖的地方，在那里安家，度过寒冷的冬天。"大儿子眨着眼睛羡慕地说："要是我们也能像大雁那样飞起来该多好呀！"父亲沉默了一会儿对两个儿子说："只要你们想，你们也能飞起来。"两个儿子试了试，都没有飞起来，他们用怀疑的目光看着父亲。父亲却肯定地说："只有插上理想的翅膀，树立了坚定的目标，让目标照亮前进路，才可以飞向你们想去的地方。"

后来，有一年的圣诞节，父亲送给两个儿子一个怪怪的玩具，两个孩子从来没有见过这么奇怪的玩具，急切地问父亲："这到底

是什么？"父亲告诉他们，"这是飞螺旋"，并当场做了演示，只见他先把上面的橡皮筋扭好，一松手，它就发出呜呜的声音，向空中高高地飞去。两个孩子这才相信，除了鸟、蝴蝶之外，人工制造的东西也可以飞上天。

从此以后，在两个孩子幼小的心灵里，就萌发了将来制造出一种能飞上高高蓝天的东西。这个愿望一直影响着他们，他们也一直向这个目标努力着、奋斗着。后来，他们果然飞了起来，因为他们发明了飞机。他们就是美国著名的发明家莱特兄弟。

❶ 是什么促使莱特兄弟最终实现了自己在空中飞翔的愿望的？

❷ 树立理想和目标的好处是什么？

❸ 你的理想和目标是什么？

心·灵·成·长·课·堂

小朋友们，在人生的竞技场上，没有明确目标的人，是不容易取得成功的。许多人并不缺乏信心、能力、智力，只是没有确立目标或没有选准目标，所以没能走上成功的道路。这其中的道理很简单，正如一位百发百中的神射手，如果他漫无目的地乱射，那么势必是不能在比赛中获胜的。

的确，目标在人生中所起的作用是不容小觑的。目标是一盏明灯，照亮一段路程；目标是一个路牌，为你指引方向；目标是一支火把，燃烧每个人的潜能，指引着人们飞向梦想的天空。失去了目标，你便失去了方向，失去了一切。然而，光说不做也不行，只有经过不懈的努力，才能够成就目标和理想。

1. 每个目标都会照亮一段旅程、刻下一段命运,小朋友们一定要确立自己的奋斗目标,不要说"我现在还小,目标是大人的事情",要知道时间可是不等人的哦!

2. 充分分析自己目前的学习情况,如自己有哪些优势和不足,如何发挥优势、克服不足;自己的各科潜能如何,是否已经充分发挥出来了;自己各科成绩如何,偏科情况如何,如何补救;自己的学习方法和学习效率怎样,需做哪些改进,等等。

3. 在学习中，要懂得确立长期目标和短期目标，比如，在学习中可以把提高学习成绩、争取赶上谁定为长期目标，把每天花几个小时来学习自己不擅长的科目等作为短期目标。

一 句 话 心 灵 启 发

人生最可怕的敌人，就是没有明确的目标。

借路灯而苦读

——向往成功才能有所成就

童第周是我国著名的生物学家，曾担任过中国科学院副院长、动物研究所所长。

童第周出生在浙江省鄞县一个偏僻的小山村里，家境十分贫困，小时候没有钱进学校读书，只能边干农活边跟父亲学点文化知识。直到十七岁时才在哥哥的帮助下迈入学校的大门。

由于基础差，童第周学习起来十分吃力，尽管很刻苦，但是第一学期他的平均成绩没有及格。学校令其退学，经童第周再三请求，学校勉强答应试读半年。他暗自发誓：一定要把成绩赶上去。

此后，童第周更加发愤学习：天蒙蒙亮就悄悄地起床读外语；夜里熄灯后，同学们都睡着了，而他则跑到路灯下自修复习。一天深夜，值班老师发现在昏黄的路灯下有个瘦小的身影在晃动，心

想："深更半夜的，谁还不回宿舍睡觉呢？"他带着疑问走过去一看，原来是童第周正在借着微弱的灯光专心致志地读书。"这么晚了你怎么还不回宿舍休息？""老师，我得抓紧时间把功课赶上去。"老师被深深地感动了，他十分敬佩童第周的志气。

功夫不负有心人，期末考试时童第周的平均成绩达到七十多分，数学还得了一百分。看着成绩单，童第周悟出了一个道理：别人能办到的事，经过努力我也能办到，世界上没有天才，天才是用辛勤换来的。

大学毕业后，在亲友们的资助下，童第周去比利时留学。他勤奋好学、刻苦钻研，得到了老师们的一致好评，获得了博士学位。

一九三七年抗日战争爆发，童第周婉言谢绝了老师和同学们的挽留，毅然回到了灾难深重的祖国，在极为困难的条件下进行科学研究工作，为祖国科学事业的振兴做出了巨大贡献。

想一想

❶ 童第周入学的时候已经十七岁了，可是他依然取得了好成绩，这说明了什么？

❷ 老师为什么被感动了呢？

❸ 如果你的成绩也不是太好，应该怎么做呢？

心●灵●成●长●课●堂

　　小朋友们，童第周在入学的时候已经十七岁了，可是他依然取得了好成绩，对社会做出了杰出的贡献。这说明成功的机会是属于每一个人的，而且只要努力永远都不晚。大多数人之所以不能取得成功，并非因为他们没有能力，而是因为他们缺乏成功的愿望。而童第周正是因为有着强烈的成功的愿望，才不惜付出一切代价去努力学习，就连老师也被他刻苦上进的精神深深地感动了。

　　成功的愿望是观念的一部分，如果你具备了这一观念，并在行动上付诸努力，你就会无所不能、所向披靡，最终成为一个胜利者。

那么，我们应如何在行动上付诸努力呢？

一只新组装好的小钟和两只旧钟放在一起。两只旧钟"滴答""滴答"一分一秒地走着。其中一只旧钟对小钟说："来吧，你要开始工作了。可是我有点担心，你走完三千两百万次以后，恐怕就吃不消了。"

"天哪！三千两百万次。"小钟吃惊不已，"要我做这么大的事情？我办不到，办不到。"

另一只旧钟却说："别听他胡说八道。不用害怕，你只要每秒钟摇摆一下就行了。"

"天哪，有这样简单的事情？"小钟将信将疑，"如果是这样的话，那我就试试吧。"

小钟很轻松地每秒钟"滴答"摆一下，不知不觉中，一年过去了，它摆了

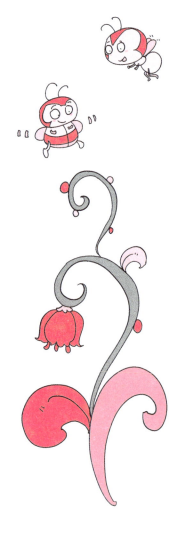

三千两百万次。

最后，小钟明白了，只要自己按部就班地每秒钟摇摆一下，摇摆三千两百万次并不难。

可见，只要我们切实行动起来，合理地安排时间，完成既定的工作，那么成功并没有想象中的那么难！

1. 每一个胜利者都有一种想要成功的"火一般炽烈的愿望"，向往成功才能有所成就，因此小朋友们一定要培养自己的这种愿望，相信自己能够成功，而不是给自己有能力做的事情设定心理界限。

2. 其实，我们更提倡科学用脑，不要熬夜，这样才能在白天集中精力学习，当学习效率提高之后，你会发现可以事半功倍。

3. 当你切实行动起来的时候，也许会发现，成功在你按时、顺利完成一个个目标的过程中已经悄悄向你走来。

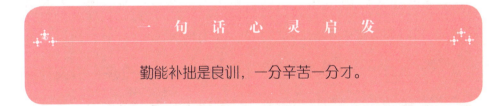

一 句 话 心 灵 启 发

勤能补拙是良训，一分辛苦一分才。

匡衡凿壁偷光

——努力才会有收获

西汉时，有个农民的孩子，叫匡衡。他小时候很想读书，可是因为家里穷，没钱上学。后来，他跟一个亲戚学认字，才有了看书的能力。

匡衡买不起书，只好借书来读。那个时候，书是非常贵重的，有书的人不肯轻易借给别人。匡衡就在农忙的时节，给有钱的人家打短工，不要工钱，只求人家借书给他看。

过了几年，匡衡长大了，成了家里的主要劳动力。他一天到晚在地里干活，只有中午歇晌的时候，才有时间看一点书，所以一卷书常常要十天半月才能够读完。匡衡很着急，心里想：白天种庄稼，没有时间看书，我可以多利用一些晚上的时间来看书。可是匡衡家里很穷，买不起点灯的油，怎么办呢？

  有一天晚上，匡衡躺在床上背白天读过的书。背着背着，突然看到东边的墙壁上透过来一线亮光。他霍地站起来，走到墙壁边一看，啊！原来从壁缝里透过来的是邻居的灯光。于是，匡衡想了一个办法：他拿了一把小刀，把墙缝挖大了一些。这样，透过来的光亮也大了，他就凑着透进来的灯光，读起书来。后来，匡衡的邻居也被感动了，在大家的帮助下，小匡衡学有所成。

  匡衡就是这样刻苦地学习，后来成了一个很有学问的人。在汉元帝的时候，由大司马、车骑将军史高推荐，匡衡被封郎中，迁博士。

想一想

① 匡衡家里很穷，根本没钱上学，也没钱买书，可是他还是想尽一切办法去读书，这种精神让你感动了吗？

② 匡衡最后成为了一个很有学问的人，这说明了什么呢？

③ 我们现在的生活比匡衡要好得多，物质文明的发达，在各方面都为我们提供了莫大的便利，学习的环境和条件更是完善，可是为什么还有人并不珍惜这良好的学习机会和条件呢？

心●灵●成●长●课●堂

　　匡衡的事迹说明了，一个人想要取得成功，光有美好的愿望是远远不够的，还应当有积极的行动，这样愿望才不会成为空想。匡衡就是用实际行动证明了自己的价值，实现了自己的理想。

　　小朋友们，在现如今学习条件很便利的情况下，很多人之所以不珍惜这种机会，那是因为他们太懒散、太追求安逸了，更是因为他们心中没有明确的奋斗目标，因此浪费了大好的光阴，在将来用到知识的时候才后悔不已。

俗话说："一分耕耘，一分收获。"是的，春天不播种，夏天就不会生长，秋天就不能收获，冬天就不能品尝。读书也是同样的道理，你现在正处于人生的黄金季节，正是播撒理想的种子的大好时机，如果你努力读书，相信将来的某一天你一定会品尝到成功的果实；相反，如果贪图安乐、混沌度日，等待你的一定是人生的冬天。

指 点 迷 津

1. 结合自己的实际，树立自己的理想和奋斗目标，并把实现理想中要学些什么、做些什么清晰地写下来，做好阶段性的安排和计划。

2. 不要害怕困难和挫折，坚定不移地为自己的理想和目标而努力，相信只有努力才可以有所收获，相信自己可以创造人生的奇迹。

3. 正确对待自己的理想。要具备投身理想的热情，具备积极主动、开拓创新的态度，那么，即使你的理想和你当下的实际情况相差较大，经过自己的努力，总有一天可以梦想成真。

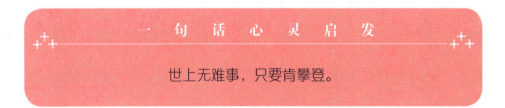

一 句 话 心 灵 启 发

世上无难事，只要肯攀登。

两个和尚

——锲而不舍是成功的法宝

从前，有两个和尚，一个很有钱，每天都过着舒舒服服的日子；另一个很穷，每天除了念经时间之外，就得到外面去化缘，日子过得非常清苦。

有一天，穷和尚对有钱的和尚说："我很想到印度去拜佛，求取佛经，你看如何？"

有钱的和尚说："路途那么遥远，你要怎么去？"

穷和尚说："我只要一个钵、一个水瓶、两条腿就足够了。"

有钱的和尚听了哈哈大笑，说："我想去印度也想了好几年了，一直没成行的原因是旅费不够。我的条件比你好，我都去不成了，你又怎么去得成？"

过了一年，穷和尚从印度回来，还带了一本他从印度带来的佛

经送给有钱的和尚。

有钱的和尚看他果真达成愿望，惭愧得面红耳赤，一句话也说不出来。

想一想

❶ 穷和尚是靠什么取得成功的？

❷ 有钱的和尚为什么惭愧得说不出话来？

❸ 你能从这个故事中领悟到什么道理吗？

心●灵●成●长●课●堂

穷和尚虽然没有足够的旅费，坐不起车船，但是他却有着富和尚所不具备的恒心、毅力和坚持到底的精神，正是凭借着这些，穷和尚才跋山涉水、历尽艰辛，达成愿望。

相信每一个小朋友心中都有自己的愿望和梦想，也急切地期待愿望可以达成，梦想可以成真。然而，很多时候却克服不了自己眼高手低、好高骛远的坏习惯，因此也就很难取得成功以及学业上的长进了。

俗话说："天下无难事，只怕有心人。"意思就是说，只要下定决心，有恒心、有毅力，那么天底下再难的事也会变得容易了。但愿每一个小朋友都能明白"锲而不舍才能成功"这个道理，并将其用于实践。

指 点 迷 津

1. 世界上从来就没有一蹴而就的成功，只有坚持不懈、不断努力，才能积聚力量。

2. 如果平时不肯刻苦学习，到考试时才"临时抱佛脚"，这样是不会真正掌握知识的。

3. 学习的时候要有"愚公移山"的精神，一点一点地克服学习中的困难和障碍，每天进步一点点，用不了多久，你就会发现自己的改变。

一 句 话 心 灵 启 发

成大事不在于力量的大小，而在于能坚持多久。

向嘲笑自己的人求教

——敏而好学，不耻下问

从小，罗蒙诺索夫就对所有的事物都很好奇，喜欢提出各种各样的问题。比如，看到美妙幻化的自然景色时，他就会问父亲：夜空里的月牙儿为什么这般明亮？星星为什么不会掉下来？……

二十岁时，罗蒙诺索夫徒步两千公里到莫斯科求学，因为不是贵族子弟而被拒之校门外。后来他冒充成外城贵族的儿子混进拉丁学院学习，因为不懂拉丁文，老师让他坐在最后一排。班上大都是十三四岁的孩子，他们笑他："二十来岁的大傻瓜来学拉丁文！"但罗蒙诺索夫对老师的冷淡、贵族子弟的歧视和讥笑佯作不知，只是专心听讲。不仅如此，他还向比自己小很多的同学虚心学习拉丁文造句，刚开始时这些同学嘲笑他愚昧无知，对他的求教不屑一顾。但罗蒙诺索夫并没有灰心，也没有怨恨这些嘲笑他的同学，而

是想办法夸赞他们的长处，争取这些同学的理解和帮助，渐渐地有些同学不再嘲笑他了，而是开始热心地帮助他。他还经常和比自己小很多的同学用拉丁文对话，并注意随时向他们学习，渐渐地他的拉丁文成绩有了很大的提高，他也能够用流利的拉丁文和那些贵族子弟们交流了。

他不顾生活条件的艰苦，发愤学习，不久便成为该学院成绩最优异的学生。一七三五年，罗蒙诺索夫以卓越的才能和优良的拉丁文水平被保送到彼得堡科学院读书，同年秋天又被派往德国学习。

罗蒙诺索夫在物理、化学、天文、地质、仪器制造、哲学和文学等方面都取得了辉煌的成就，成为俄国著名的化学家、哲学家，为俄国科学文化的发展做出了诸多贡献，这些与他的虚心求教、不耻下问是分不开的。

想一想

❶ 罗蒙诺索夫小的时候为什么总是喜欢提问题？

❷ 罗蒙诺索夫是怎样对待嘲笑他的同学的？

❸ 罗蒙诺索夫取得杰出成就的秘诀是什么？

心·灵·成·长·课·堂

　　罗蒙诺索夫小的时候总是喜欢提出各种各样的问题，那是因为他是一个爱好学习、勤于思考的孩子，也正是由于这份对于学习和知识的热忱，罗蒙诺索夫才不顾同学对他的嘲笑，谦逊地低下头来向他们请教。后来，由于他的刻苦和努力，那些原本嘲笑他的同学也变得对他尊重起来。

　　小朋友们，对于"敏而好学，不耻下问"这句话也许你并不陌生，它的意思是说，天资聪明而又好学，不以向地位比自己低、学识比自己差的

人请教为耻。这个道理也许你早就懂得，不过最重要的是要在现实生活中做到这一点。

在生活中，我们每天都要接触许多人，每一个人都有他的长处，而他们所擅长的也许正是我们所缺乏的，因此可以说，每一个人都可以成为我们的老师，正所谓"三人行必有我师焉"。就拿你的同学来说：有的同学乐于助人；有的同学善于钻研；有的同学热爱劳动；有的同学关心集体；有的同学勤于思考；有的同学擅长演奏；有的同学能写一手好字……因此，你一定要多向这些同学学习，以求收获更多。

山之高，是因为它不排斥每一块小石子；海之阔，是由于它聚集了千万条小溪流。如果你想拥有高山一样的气度和大海一样的风采，就应该善于从生活中寻找良师益友，善于把他们的点滴长处化为己有。

指 点 迷 津

1. 如果你是那种有问题宁肯烂在肚子里，也不愿开口问一下别人的人，那么真的需要改变一下了，因为这对自己的学习和成长是十分不利的。

2. 你要像罗蒙诺索夫那样善于提出问题，多问几个为什么，弄清楚道理的来龙去脉，切忌死记硬背，这样学到的知识就似有源之水、有木之本。

3. 有的同学也许综合成绩不如你，但是他却很擅长某一个科目，这个时候你就可以主动向他请教，学习他独特的学习方法，从而让自己取得进步。

4. 在学习的过程中，要虚心、诚恳、敢问，不仅向老师请教，还可以向同学请教；不仅向学习好的同学请教，还可以向学习差的同学请教，只要他有长处都可以成为你的老师。而不是不懂装懂，或者认为向别人请教是件丢脸的事情。

一 句 话 心 灵 启 发

刀不快，石上磨；人不会，世上学。

Part 3 珍惜生命中最美的读书时光

坚持练字的周恩来

——少年正是读书时

周恩来，字翔宇，浙江绍兴人。中国无产阶级革命家、政治家、军事家和外交家，中国共产党和中华人民共和国的主要领导人，中国人民解放军的创建人之一。

周恩来从小勤奋好学，五岁时，就开始学写毛笔字，他给自己定下了一条规矩：每天除了认真完成老师布置的作业外，还要练习写一百个大字。

一天，周恩来和他的乳妈蒋妈妈到一个路途较远的亲戚家串门，回来时，天色已经很晚了，一路上风尘仆仆，年幼的恩来已筋疲力尽、哈欠连天，上下眼皮直打架。蒋妈妈见状，催他赶快去睡觉。周恩来刚到床前，突然喊起来："哎呀，大字还没写呢！"说着，便朝书桌的方向走去。蒋妈妈听后，忙上前劝他说："算了，

今天不写，明天写两百个不就补上了吗？"

"不，蒋妈妈，明天还有明天的事要做！"说完，周恩来便用凉水洗了把脸，头脑清醒多了，一下子就把"瞌睡虫"赶跑了，然后拿起笔专心致志地写了起来。蒋妈妈看着特别心疼，刚写完最后一个字，便夺下他手里的笔说："好了，好了，快去睡吧！"

"不行，"周恩来拉住蒋妈妈的手，仔细看着墨汁未干的一百个大字，皱着眉头认真地说："蒋妈妈，你看，这两个字写歪了，真难看，要重写！"

蒋妈妈望着天真而又刚毅的周恩来，心软了，装作生气的样

　　子，说："好，好，随你去！"

　　周恩来白嫩的小手又挥起毛笔，把那两个字认真地重写了三遍，直到满意才肯罢休。

想一想

❶ 周恩来为什么要坚持练字？

❷ 坚持学习有什么好处？

❸ 怎样培养自己的时间观念？

 心●灵●成●长●课●堂

"莫等闲，白了少年头，空悲切" "少年不知勤学早，白首方悔读书迟" 这些教诲蕴含着深刻的哲理，警示我们时间的珍贵和重要。其实，时间是最公正的裁判，不管你贫穷还是富有，都会公平地分配给你大好的时光，一年三百六十五天，一天二十四个小时，八万六千四百秒，不多不少，就看你如何合理安排了。

一个人的少年时代，无疑是最好的读书时光，一旦错过了，就不会再来。因此，我们一定要珍惜自己的读书时光，不断充实自己，提高自己，为即将展开的更加绚丽的人生打下坚实的基础。

人生在世，没有知识，就会处处碰壁；没有知识，就会寸步难行。少年正是读书时，珍惜现在，珍惜美好的读书时光，是我们正确的选择！

　　1. 人生的道路很长，很多好的习惯和品质都是在儿童时期培养起来的。如果我们不珍惜美好的时光，虚掷光阴，养成了不良的习惯，最后后悔的只能是我们自己。

　　2. 珍惜时间不能只是一个口号，而应该落实到实际行动当中。

一 句 话 心 灵 启 发

自古凡翁多白头，少年最怕不读书。

小马、夜莺和小猪

——懒惰终将一事无成

在一个森林里面，住着很多小动物，其中，小马、夜莺和小猪是最要好的朋友。

再过不久，森林里的才艺大赛就要开始了，为了在这次大赛中夺冠，大家都在进行刻苦的练习。

小马报名了长跑项目，每天早晨都早早地起床，坚持锻炼，从不睡懒觉。遇到长辈就虚心求教，寻问跑步的技巧，怎样才能跑得最快，做到最好。终于，功夫不负有心人，小马练成长跑了，而且又快又好。小马开心极了。

小夜莺呢？它也十分刻苦。它历经千辛万苦，飞遍了全球各地，听遍了每一个歌唱家的乐曲和优美的嗓音，学会了怎样歌唱。小夜莺勤奋刻苦，天天练习。终于，它的歌声也变得优雅动听起

来，让人不知不觉地陶醉其中。小夜莺也开心极了。

小猪虽然下定决心，像小马和小夜莺那样刻苦学习技艺和专长。可是，学学这个，觉得太辛苦了，练不下去；学学那个，又觉得不感兴趣，无聊极了。早晨，太阳公公升上了天空，催促小猪赶紧练习，可小猪学到了些什么呢？小猪什么也没学到！大赛来临了，小马获得了长跑冠军，小夜莺获得了歌唱第一。小猪什么也没有得到。

小猪懊悔极了，伤心地说："看来只有勤奋才会有回报，懒惰的人终究会一事无成啊！"

想一想

❶ 小马和小夜莺是靠什么取得冠军的?

❷ 小猪为什么没有成功呢?

❸ 读完这个故事,你的感想是什么?

心·灵·成·长·课·堂

纵观历史,俯仰千秋,哪个成功人士、名人英雄的成就不是靠勤奋所取得?古人曾说:"书山有路勤为径,学海无涯苦作舟。"意思就是说,成功的大门是需要用勤奋的钥匙来打开的,勤奋是成功的奠基石,没有勤奋就没有成功，小马、夜莺和小猪的故事恰恰说明了这一点。

的确，勤奋会让我们像春天的幼苗一样，不停地生长；而懒惰只会让我们像许久不用的磨刀石一样，变得锈迹斑驳，最终失去价值。这就好比我们的学习，只有勤奋刻苦才会学有所成，并取得好成绩。反之，若懒惰自满，甚至荒废学业，只会一生碌碌无为。

不知道小朋友们有没有听说过方仲永的故事？方仲永儿时虽然天赋极高，出口成章，才学满腹，在当时也小有名气。但是他后来目空一切，不再勤奋学习，最终才学散尽，成了一个普通人。由此可见，只有勤奋才是成功的秘诀，懒惰终会一事无成。

指点迷津

1. 陶渊明曾经说过"勤学如春起之苗，不见其增，日有所长；辍学如磨刀之石，不见其损，日有所亏"的至理名言，请小朋友们认真地感受一下这句话。

2. 勤奋令它的崇拜者走向人生的巅峰，而懒惰只会让它的追随者一事无成。因此小朋友们永远都不要给自己的懒惰找借口，只有勤奋才是打造我们人生和事业最好的工具。

一句话心灵启发

懒惰像生锈一样，比操劳更能消耗身体；
经常用的钥匙总是亮闪闪的。

利用排队的时间读书

——学会珍惜有限的时间

十三岁那年，怀着对美国的向往，卡内基和家人移民到了美国。移民的生活是非常清苦的，小卡内基白天做童工，晚上读夜校，十分辛苦。然而他却十分珍惜这来之不易的学习机会，每天很早就来到学校读书。

然而，有一件事却让他头疼不已——出于生活的需要，他每天不得不去很远的地方挑水。父母每天早出晚归忙于工作，没有时间去提水，这项任务就交给了身为长子的卡内基。可是，水源经常不足，多数是枯井，水很少。取水人排起的长队像一条长龙，有时甚至排队等候三四个小时还轮不到卡内基！这样常常耽误了卡内基的上课时间。每当看到有很多人在前面排着长长的队伍等着提水，他站在队尾就急得直跺脚，恨不得一下子冲到队伍的前面，抢一桶水

回去，或干脆扔掉水桶，不管这事了。卡内基意识到这样做不妥，学习固然重要，但没有水一家人连饭都吃不上了，父母无法上班，弟弟也会挨饿，自己也没法上学。想到这里，他无奈地叹了口气，着急没有用，只有耐着性子慢慢地等。此后，卡内基每天去提水的时候，总要随身携带着一本书，一旦遇到人多排队，他就拿出书来读，这样就把时间合理地利用起来，提水没有耽误，功课也没有落在其他同学的后面。

后来，卡内基父亲的生意破产了，为了减轻父母的负担，他只得辍学打工。卡内基从一名工人做起，一次又一次地战胜困难，最终成为了美国钢铁大王、举世闻名的实业家。

想一想

❶ 卡内基非常喜欢读书，然而同时还要帮助爸爸妈妈做家务，他是怎样合理地安排自己的时间的呢？

❷ 卡内基是凭借什么成为"钢铁大王"的？

❸ 你会合理地安排自己的时间吗？

心·灵·成·长·课·堂

卡内基非常喜欢读书，然而他并没有太多的时间用来读书，为了不浪费时间，他才想出了利用排队的时间读书的办法，这种刻苦学习的精神非常让人钦佩，也非常值得小朋友们去学习。同时，小朋友们也应该明白，有一样宝贵的东西，如果你失去了就再也找不回来了，而且这个宝贝还常常被你所忽视，那就是时间。

鲁迅先生曾经说过："浪费自己的时间等于慢性自杀，浪费别人的时间等于谋财害命。"其实，鲁迅先生的成功有一个重要的秘诀，就是珍惜时间。年少的鲁迅在绍兴读私塾的时候，父亲正患着重病，两个弟弟年纪尚幼，鲁迅不仅要经常上当铺、跑药店，还得帮助母亲做家务。为了避免影响学业，他必须做好精确的时间安排。

此后，鲁迅几乎每天都在挤时间。他说过："时间，就像海绵里的水，只要你挤，总是有的。"鲁迅读书的兴趣十分广泛，又喜欢写作，他对于民间艺术，特别是传说、绘画，也深切爱好。正因为他广泛涉猎，多方面学习，所以时间对他来说，实在非常重要。他一生多病，工作条件和生活环境都不好，但他每天都要工作到深夜才肯罢休。

我国早期的革命家邓中夏先生，在北大读书时，给自己规定了严格的学习时间，为不受别人干扰，尽可能多地挤出时间来读书，他写了一个"五分钟谈话"的纸条贴在自己的书桌上，来找他的同学们看到字条后，如果没有重要的事情便会马上离开，不影响他学习。有的同学还从他那儿得到启迪，像他一样抓紧时间读书，不再虚度年华。

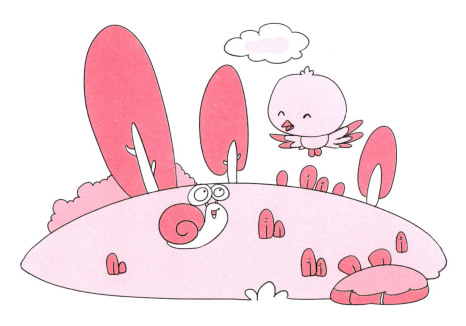

纵览古今中外的成功人士，没有一个不是珍惜时间的，因为他们深知：节约时间，也就是使一个人的生命更加有效，也就等于延长了一个人的生命。

指 点 迷 津

1. 对于任何人来说，时间都是有限的，生命中的青春时光都只有一次。你现在的年龄就好比人生中的春天，春天是播种的季节，如果你能够珍惜时光，在春天里播下种子，那么到了成年之后，你就可以收获到很多沉甸甸的果实。

2. 如果你周六、日两天的时间全都用在休息、娱乐上，那么你学习的时间无意中就比别人减少了，这就是为什么你总是感觉没有时间的原因。因此你每天都要学会合理地安排学习时间，并注意劳逸结合。

一 句 话 心 灵 启 发

时间给勤奋者留下智慧和力量，给懒惰者留下空虚和悔恨。

井底之蛙的悲哀

——今日事，今日毕

有一只小井蛙，对一只来井边喝水的画眉鸟说："画眉鸟姐姐，我的朋友们天天取笑我，说我坐井观天、见识短浅。这让我非常气愤。今天，当着你的面，我要表现一下我的雄心壮志，我要订一个计划，从现在开始好好学习，读很多很多的书。我要成为一个知识渊博的学者！"

"好啊，既然已经确定了目标，你就开始为自己的目标努力吧。两年以后，我会再来，来庆祝你成为一名大学者！"画眉鸟说完就飞走了。

第二天，小井蛙便借来几本厚厚的书，坐在井里的石头上煞有介事地看了起来。可是它还没有看几页，就用抱怨的语气说："唉，这本书真是太难了，而且我还没有好好休息，不如我先好好

休息几天，等我休息好了，相信这些书对我来说会是小菜一碟！"
说完小井蛙就倒头大睡了。

　　不知不觉一个星期过去了，这一个星期里小井蛙每天都睡得饱饱的，天气好的时候它还会坐到井沿上去晒晒太阳，和蜗牛、蚂蚁、瓢虫吹吹牛、聊聊天，唯独没有读书。这天早上，小井蛙终于又拿出书开始读起来。谁知，刚刚看了不到一页，它就一拍脑门说："今天说好要去教小蝌蚪们学游泳的，到底去不去呢？如果去的话，就会耽误我看书了，不去的话，答应别人的事情又怎么能反悔呢。还是去吧，反正两年的时间长着呢！"说完它就高高兴兴地

跳走了。

晚上，小井蛙正准备看书，一抬头却看见了天空中的一轮明月，几颗星星正围在月亮周围眨眼睛呢，小井蛙又禁不住这美丽景色的诱惑，放下书去欣赏夜景去了。

就这样，两年的时间很快就过去了，一天早晨，画眉鸟飞来了，它发现小井蛙还在睡懒觉。小井蛙依旧是那只见识短浅的小井蛙。

想一想

❶ 小井蛙立志要成为一个知识渊博的人，可是为什么总是半途而废？

❷ 两年的时间过去了，小井蛙为什么还是那只见识短浅的小井蛙？

❸ 你下定决心去做的事，能够坚持到底吗？

心·灵·成·长·课·堂

"一寸光阴一寸金，寸金难买寸光阴。"在这个世界上，没有比时间更珍贵、更有价值的东西了。所以小朋友们一定要学会珍惜时间，永远都不要把今天的事情推到明天去做。小井蛙之所以没能完成自己的心愿，就是因为它不懂得时间的珍贵，总是觉得时间还有很多，结果两年的时间一转眼就过去了，它还只是原来的它。

我国明代大学士文嘉在他的《今日歌》中说道："今日复今日，今日何其少，今日又不为，此事何时了。人生百年几今日，今日不为真可惜。若言姑待明朝至，明朝又有明朝事。为君聊赋今日诗，努力请从今日

始。"是的，人一生的时间很长，但是我们能真正把握的却只有今天。抓住了今天，就是抓住了创造明天的机会，就是抓住了让自己的明天更美好的希望。

指 点 迷 津

1. 寻找种种借口，把今天的事推到明天甚至以后更远的时间去做的人，他们所毁掉的不仅是自己的学业，甚至是自己的一生。

2. 把没有意义的事情，从你的时间表里删除，这样你也就在很大程度上节约了时间。

3. 如果今天没有做好今天的事，就应该给自己一点惩罚，这样才能起到更好的鞭策作用。

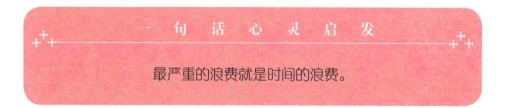

一 句 话 心 灵 启 发

最严重的浪费就是时间的浪费。

雨果的"谢客术"

——有计划地利用自己的时间

雨果是法国文学史上卓越的资产阶级民主作家，人道主义的代表人物，是十九世纪浪漫主义文学运动的领袖。

一八三〇年，雨果同出版商签订合约，半年内交出一部作品。为了确保能把全部精力放在写作上，雨果把除了身上所穿毛衣以外的其他衣服全部锁在柜子里，把柜子上的钥匙丢进了小湖。就这样，由于根本拿不到外出要穿的衣服，他就彻底断了外出会友和游玩的念头，一头钻进写作里，除了吃饭与睡觉，从不离开书桌，结果作品提前两周脱稿。而这部仅用五个月时间便完成的作品就是后来闻名于世的文学巨著《巴黎圣母院》。

至于雨果的"谢客术"，更是别出心裁。有一次，雨果为集中精力写一部小说，竟给自己剃了光头。有朋友上门找他，雨果就指

着光头说："对不起，你看这头，见不得人。"使人悻悻而回。当别人请其赴宴时，他照旧以此推托："我这光头，不登大雅之堂，去参加你的宴会，不是要给你丢脸吗？"来人只好无奈离去。当雨果的头发长长之后，又一部巨著问世了。

雨果的代表作有《巴黎圣母院》《悲惨世界》《笑面人》等，他的创作期长达六十年以上，作品包括二十六卷诗歌、二十卷小说、十二卷剧本、二十一卷哲理论著，合计七十九卷之多，给法国文学和人类文化宝库增添了一份十分辉煌的文化遗产，被人们称为"法兰西的莎士比亚"。

❶ 雨果为了断绝自己游玩的念头可谓费尽了心思，这样做的好处是什么？

❷ 雨果的"谢客术"有什么高明之处？

西方有句谚语："闲时无计划，忙时多费力。"雨果的故事告诉我们，为了更好地完成学习和工作，事先做好计划是非常有必要的。但是有些小朋友经常会为自己不做计划而找借口，比如说："事情是无法预测的。"确实，未来的事情是无法预测的，但由此得出计划是无效的结论却是不对的。虽然我们无法预测未来，将要发生的事也不在我们的掌控之中，但那并不意味着我们应该抛弃那些给予我们希望的事物。飞行员、宇航员在执行任务时会遇到不确定的事情，可他们为什么还要进行周密的准备？运动员无法准确地预知未来在赛场上会发生什么事情，可他们为什么为了比赛而刻苦训练？

还有些小朋友想出这样的借口："我没有时间去做计划。"时间确实

是很宝贵的，但试图不做计划以节省时间，却是错误的。俗话说："磨刀不误砍柴工。"好好地规划一下自己的时间，会使学习效率提高很多。那些成功的人，往往是懂得有计划地利用自己时间的人。

<hr>

指 点 迷 津

1. 朱自清先生曾经说过："当你洗脸的时候，时间从你的指缝间流过；当你梳头的时候，时间从你的发丝间穿过；当你吃饭的时候，时间从你的碗筷间溜走。"时间如此匆匆而宝贵，我们必须要懂得珍惜。

2. 要想做更多有意义的事情，从现在开始，你必须戒掉一些不必要的活动，如上网聊天、玩游戏等。当然，如果你的自控能力比较强的话，适当玩玩还是可以的。

一 句 话 心 灵 启 发

善于利用时间的人，总是找得到充裕的时间。

Part 4 学习方法要正确

牛背上的读书郎

——培养自己的读书兴趣

　　李密生长在隋朝的一个贵族家庭，十五岁的时候，在宫廷当侍卫。他性格活泼，喜欢与朋友谈天说地，研究学问。有一次他正与一位朋友讨论汉代少年英雄霍去病打仗勇敢、关爱士兵的问题时，被隋炀帝发现了，当即命令说："李密不尊重宫廷规定，执勤的时候，不专心工作，却和别人谈古说今，免去他侍卫之职，回家种田！"

　　李密回家后，并不生气，也不灰心。他刻苦读书学习，广泛结交读书人做朋友。有一天，他骑着牛去朋友家研究历史，出门时，将《汉书》挂在牛背上，边走边阅读。当他读到郦食其的传记时，发现郦食其也曾当过门卫，因其爱读书，待人狂傲，被官吏们看不起，门卫的差事也不让他干了。后来奇迹出现了，郦食其一举被刘

邦封为广野君，驻扎在陈留，领兵数万人……李密眼睛看着书，嘴里讲着书中人物的故事。这时，宰相杨素乘车来到李密身边，马车的行走声他也没听见，也没有让路。杨素看到这个小青年读书入迷的样子，暗暗称奇，于是向李密招手说："你真是个好青年，读书那么用功、勤奋。"李密回过头一看，说话的不是别人，正是当朝宰相杨素。他急忙从牛背上跳下来，向杨素行了个礼，说："我是李密，现在到朋友家研究历史，路过这里，不知宰相驾到，耽误了宰相赶路。"杨素说："我没有急事。我是在欣赏你在牛背上读书

的志气。我想问一下，你读的是什么书，那么认真呢？"李密答道："我读的是郦食其传记。"杨素停下来和李密交谈一阵，认为这是一个勤奋、有志气的好青年。

杨素回家后，把李密辛勤读书的事对儿子杨玄感等谈了，并说："李密的才能、学识、志向比你们兄弟强，今后你们要和李密交个朋友，有事多请教他。"杨素说这话不久，便遭到隋炀帝的怀疑，郁闷而死。他的儿子杨玄感，想起兵推翻隋朝政权，他忆起父亲叮嘱他有事和李密商量的话。于是派人将李密接到黎阳（今河南省浚县），请李密谈破杨广之策。李密给他出了上、中、下三种策略，可惜，杨玄感只按下策行事，结果兵败被杀。

这时，李密听说瓦岗军的首领，为人厚道，关心老百姓的生活，就投奔了瓦岗军。李密去后，很快以自己的才华成为将领。他率领军队，多次与隋朝军队作战都取得胜利。最终，他率领的瓦岗军为推翻腐败的隋王朝立下了不朽的功绩。

❶ 为什么李密被皇帝免职以后还那么刻苦地读书？

❷ 杨素为什么让儿子与李密交朋友？

❸ 应该如何培养自己的学习兴趣？

  心·灵·成·长·课·堂

李密被皇帝免职以后还那么刻苦地读书，是因为他对读书有着无限的兴趣。孔子曾说："知之者不如好之者，好之者不如乐之者。"意思就是说，懂得它的人，不如爱好它的人；爱好它的人，又不如以它为乐的人。而李密正是属于"乐之者"。

"乐"也就是指一个人的兴趣所在，兴趣是指一个人力求认识某种事物或从事某种活动的心理倾向。当一个人对某种事物发生浓厚而稳定的

兴趣时，他就能积极地思索，大胆地进行探求，并使其整个心理活动积极化。所以，稳定、持久、浓厚的兴趣，是做好一件事情的保证。你对学习感兴趣，学习时注意力集中，大脑细胞活跃，思路敏捷，想象力丰富，记忆牢固，学习效率也就高。

对于学习，你也许会说"我不感兴趣"，其实，兴趣也是可以慢慢培养出来的，永远都不要急着否认你对学习的兴趣。据研究证实，如果一个学生对学习有兴趣，积极性高，就能发挥其全部才能的80％～90％；反之，他的才能只能发挥20％～30％。所以，从现在开始就开发和培养你对学习的兴趣吧！

指点迷津

1. 用成就感激发自己的学习兴趣。一个人不论做什么事情，只要取得了成功，感觉到自己在这方面有才能，就会受到鼓舞，兴趣就会不断增强。学习也是如此，只要你不断进步，不断取得好成绩，就会体验到成功的乐趣，学习兴趣就会不断提高。那么，怎样学习才会不断体验成功呢？比如：带着良好的心情，先从最喜欢的科目读起；对不喜欢的科目从简单的题目做起，等等。

2. 每一个学生都可能出现对某些课程不感兴趣的情况。但是为了系统地掌握知识，建立合理的认知结构，我们必须把心里对一些课程的排斥感放下，积极地参与，从心理上亲近，以一种好奇的眼光看待这些课程。而且，所有的知识都是融会贯通的，你可以以自己感兴趣的科目为出发点，将所有的知识体系化，从而培养对其他功课的兴趣。

3. 了解自己对哪门课兴趣最大，对哪门课兴趣最小，并仔细想想为什么会这样。要积极地去看待这些课程，告诉自己，不仅要去做自己感兴趣的事，还要满怀兴致地去做一切可能做的事情。

一 句 话 心 灵 启 发

兴趣能把精力集中到一点，
其力量好比炸药，立即把障碍物炸得干干净净。

十八缸水

——打好基础才能成功

王献之是我国历史上著名的书法家，他从很小的时候开始，就跟着父亲王羲之学习书法。他对父亲写的字非常羡慕，很想有一天能赶上父亲。开始，他的热情很高，劲头也很足，可是时间长了，他觉得天天同笔墨打交道，有点乏味，再加上一天到晚坐在那里写呀写的，累得腰酸胳膊痛，也实在不好受。于是他想，要是有什么窍门就好了。一天，他向父亲提出了这个问题。父亲指着院子里的十八口大水缸，郑重地对儿子说："写字的秘诀，就在这些水缸里面，你把这十八缸水写完，就知道了。"

父亲的话激起了王献之的好奇心，他很想看看水缸底下的秘诀究竟是什么。于是，王献之的热情又高了起来，面对一口大缸，蘸水磨墨，挥笔临帖，开始了漫长的学习生涯。

　　王献之写完一缸水，就感到自己的字写得不错，有点飘飘然了。一天，他很得意地把自己写好的字拿给母亲看。母亲端详了好久，指着一个"太"字的下部说："只有一点像羲之。"王献之一听惊呆了，原来母亲指的这一点，正是父亲在指教他写字时，加在"大"字下部的那一点。写了整整一缸水，连一"点"都还没有写像。王献之深深舒了一口气，想：看来路途还长得很哪！

　　这时候，王羲之进一步勉励儿子：学书没有秘诀可寻，而全在于"功夫"二字。功夫是练出来的，不是找窍门找出来的。只要功夫真正练到了家，就一定能够成才。他对儿子讲了东汉大书法家张

芝"临池学书，池水尽墨"的故事，说明一个书法家能取得成功，要下多少功夫，花多少代价。他还告诉儿子：功夫不全在字内，还有些功夫在字外。也就是说，除了练字本身要下苦功以外，还要认真读书，加强道德修养，完善人格。这些基本素质，都是成为一个大书法家不可缺少的。父亲的这些教导，使王献之很是受用。

王羲之除了在家指导献之练字外，还经常带着献之到野外去领略大自然的美好风光，以陶冶情操；他还坚持和儿子一起锻炼身体，以增强献之的腕力和臂力。这样一来，献之每天端坐在那里练字，就是一连练上几个小时都不觉得很累。

功夫不负有心人，就这样，王献之坚持不懈地勤学苦练，终于写干了十八缸水，在书法上突飞猛进。后来，王献之的字也到了力透纸背、炉火纯青的程度，他的字和王羲之的字并列，父子二人被人们称为"二王"。

想一想

❶ 王献之为什么在刚刚写完一缸水的时候就飘飘然了？

❷ 父亲为什么劝导王献之说"学书没有秘诀可寻，而全在于'功夫'二字"？

❸ 为什么除了练字本身要下苦功夫之外，还要认真读书，加强道德修养，完善人格？

心·灵·成·长·课·堂

王献之与父亲王羲之齐名，一个被称为"书圣"，一个被称为"书亚"，世称"二王"，对后世影响很大。王献之的事例说明了一个人只有勤学苦练，狠下"功夫"，才有成功的可能。"十八缸水"是一种象征，既包含成功的艰巨性，又包含目标的具体性，同时也说明一个人要想获得丰富的知识，掌握精湛的技艺，必须下大功夫、花大力气来打好基础。

小朋友们，不知道你是否听说过一种叫"毛竹"的植物？这种植物在

种下的前五年，几乎看不出来有高度的变化。一旦过了这五年，毛竹就会急速狂长，六个星期内长到二十七米高。原因就在于毛竹用前五年的时间去发展自己的根部，拼命地将自己的根部系统扩大，尽可能地使根部得到足够的空间。

因此，做任何事，都要向毛竹一样，先打好基础，这样才能取得卓越的成就。

指 点 迷 津

1. 俗话说："万丈高楼平地起。"再高的大楼都要从平地修建起来，再卓越的功勋也要从一点一滴做起。

2. 课堂上要认真听讲，认真做笔记，因为课本主要是讲一些基础性的知识，只有具备了这些基础知识，才可以更好地学习到其他的课外知识。在学好课本知识的基础上，多读一些有益的课外书，这些课外书中的知识同样很有用。

一 句 话 心 灵 启 发

冰冻三尺非一日之寒，滴水石穿非一日之功。

顾炎武读遍天下书

——爱上阅读

顾炎武从小时候起，就跟着祖父读《资治通鉴》。《资治通鉴》有355卷，他不但全部学懂了，还从头到尾抄了一遍。他读的书特别多，涉猎范围不但有历史、地理、文学，还有农田水利、矿产、交通等方面。到了四十多岁的时候，他把家乡里所有的书都读完了。于是他就出外旅行，立志要读遍天下的好书。

在旅行的时候，顾炎武带着两匹马和两匹骡子，其中一匹马是骑的，另一匹马和两匹骡子都是驮书的。他骑在马上赶路的时候，也常常默默地背诵读过的书，要是有背不下来的地方，就立刻停下来，翻开书来温习。为了证明书的内容是不是正确，他常常进行实地调查，把调查来的知识和书上的知识互相对照。他每到一个地方，就忙着向当地的老年人请教，问他们哪里有险要的关口，哪里

有山脉河流，从一个地方到另一个地方怎么走法，等等。要是从访问中得到的材料和书上记载的不一样，他一定要亲自到那里去观察一下，把亲眼看到的情况注在书里，以后再进行研究，写成文章说明自己的见解。

由于勤奋好学，顾炎武的知识十分丰富、学问十分渊博。他对天文、历法、数学、地理、历史等，都有非常深刻的研究，并且写了好几十部书，最终成为一位历史上有名的大学问家。

❶ 顾炎武为什么那么喜欢读书？

❷ 顾炎武是怎样成为历史上颇为有名的学问家的？

❸ 你爱好阅读吗？想一想应该如何培养自己的这个爱好呢？

心·灵·成·长·课·堂

古人云："书中自有黄金屋，书中自有颜如玉。"当你真正用心去读书的时候，就会发现，知识的海洋是那么浩瀚，游弋在其中原来是那么快乐！正是基于这个原因，顾炎武才那么喜欢读书的。

古往今来，那些取得伟大成就的人无一不是爱好读书、嗜书如命的，比如：俄国著名诗人普希金，他小的时候，家里有很多藏书，包括哲学著作、百科全书、荷马史诗、莫里哀的剧本、伏尔泰和卢梭的著作等，他贪

婪地读了一本又一本。尽管对年幼的普希金而言，这些文字有些似懂非懂，但就是在这种浓厚的文学艺术氛围的熏陶和影响下，普希金才取得了后来杰出的成就。又如：鲁迅在南京江南水师学堂读书时，因考试成绩优异，学校奖给他一枚金质奖章。他没有戴此奖章去炫耀自己，而是拿到鼓楼大街把它卖了，买回几本心爱的书和一串红辣椒。每当读书读到夜深人静、天寒体困时，他就摘下一只辣椒，分成几片，放在嘴里咀嚼，直嚼得额头冒汗，眼里流泪，顿时，周身发暖，困意消除，于是又捧起书攻读。

一位哲人曾经说过："一个爱书的人，他必定不缺少一个忠实的朋

友，一个良好的老师，一个可爱的伴侣，一个温情的安慰者。"小朋友们，用心去阅读一些好的书籍吧，它们可以丰富你的精神世界，给予你以更大的思考和想象的空间，更有利于潜能的发挥。

指 点 迷 津

1. 根据自己学习情况，有计划地制定时间表，增加自己和世界著名作品亲密接触的时间。

2. 很多小朋友喜欢看电视，电视虽然也是你了解社会、了解世界的一个窗口，但它与书相比还是有一些弊端的。所以还是要多读书，少看电视。

3. 阅读首先要有兴趣，不要把阅读当作是一种负担，而要当作是一种快乐。

4. 读书有益，但并非所有的书都这样，我们应该有选择性地进行阅读。

卢瑟福和他的学生

——把思考带入学习中

　　卢瑟福是英国的一位实验物理学家，曾获得过诺贝尔奖，他不仅在物理学方面的成就举世闻名，在培养人才方面也令人称道。

　　一天晚上，卢瑟福走进实验室，时间已经很晚了，可是他发现实验室里的灯依旧亮着。只见一个学生仍然辛勤地俯身在工作台上。

　　卢瑟福关心地问道："这么晚了，你还在这里做什么？"

　　"我在工作，教授。"学生随即回答说。

　　"那你白天做什么了？"

　　"我也工作。"

　　"那么，早晨你也工作吗？"

　　"是的，教授，早晨我也工作。"学生带着谦恭的表情承认了，并等待着老师给自己赞许。

　　卢瑟福稍微沉吟了一下，随即简短地问道："可是，这样一来，我很好奇，你用什么时间来思考呢？"

　　后来，这个学生通过仔细观察发现，每天傍晚，卢瑟福总是在走廊里散步，那专注的神情表明他正在思考问题。

　　卢瑟福经常对学生说："不要死记硬背，也不能仅仅满足于实验，不要总是做，一定要学会思考。只有勤于思考、善于思考的人，才能获得知识，取得成就。"

① 为什么总是在工作的学生并没有得到老师的赞许呢?

② 卢瑟福最后对学生说的话对你有什么启发吗?

③ 你应该怎样学会思考?

    一直在忘我工作的学生本想得到老师的赞许,结果却事与愿违,这是因为他没有给自己留下思考的时间。要知道,没有思考就不会有进步,

没有思考就不会有突破，这样的工作到头来可能也只是"竹篮打水一场空"，白忙活一场。

　　人的一生就是一个从不知到知的过程，其实也就是一个学习与思考的过程。爱迪生曾经说过："不下决心培养思考习惯的人，便失去了生活中最大的乐趣。"是的，思想、精神才是人生真正的财富，物质、金钱却不是。所以，哪怕你不是一个思想家，也要学着培育自己的思想，思想是快乐的源泉。

在学习中，思考更重要，因为如果只是一味被动地接受，那么就如同吃饭没有消化一样，不能够真正地理解知识。只有经常发现问题、提出问题，然后通过思考解决问题才能真正地把知识消化掉。

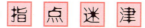

指 点 迷 津

1. 人类之所以是最具智慧的动物，取决于人类独一无二的最精密、最完美的仪器——大脑，人类的发明无论多么奇妙乃至伟大，无不出自于

大脑。因此一定要把思考当成自己的一个习惯。

2. 在学习上，遇到问题，虚心向老师和同学请教固然是一种好习惯。不过，在这之前，请记得：认真思考，独立思考。

3. 俗话说："经一事，长一智。"小朋友们对于生活中经历的事也要进行思考。思考的时候，要从多方面找原因，找答案，辩证、发展地看问题，这样就可以总结过去的教训，避免犯同样的错误。

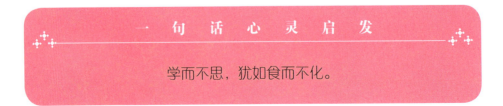

一 句 话 心 灵 启 发

学而不思，犹如食而不化。

囫囵吞枣的陈正之

——读书也怕"消化不良"

宋朝时，有位读书人叫陈正之，他看书特别快，一目十行，囫囵吞枣。他读过的书非常多，花费了许多时间和精力，可是效果很差，每本书几乎都没有留下什么印象。这令他十分苦恼，怀疑是不是自己的记忆力不好。

一次偶然的机会，陈正之遇到了当时著名的学者朱熹，于是便向朱熹请教。朱熹询问了他读书的过程后，给了他一番忠告，说："以后读书不要贪多图快，哪怕只是一句也要重复多读，总比一味往前赶效果好。读书的时候一定要用脑想、用心记，要对书籍的内容进行理解和记忆，草率读书，既不能消化书中的内容，又不能重点记忆，所以没有印象。"

陈正之这才明白，他读过的书之所以记不住，不是因为记忆力

不好，而是因为读书的目的不明确，方法不对。他把读书多当成了读书的目的，却忽视了对书籍内容的理解和记忆。陈正之接受了朱熹的劝告，在以后的读书过程中，他严格要求自己，养成了一个好习惯：每读完一段书，都会想想这段书的内容都讲了些什么，有哪几个重点，并且留心把重要的内容记住。靠着日积月累，陈正之最终成了一个学识渊博的人。

想一想

❶ 陈正之的苦恼是什么?

❷ 陈正之在向朱熹请教以后得到了什么启发?

❸ 相信你也希望自己成为一个学识渊博的人,那么具体应该怎么做

呢?

 心 · 灵 · 成 · 长 · 课 · 堂

陈正之的苦恼非常明显，那就是他读了很多书，到头来记住的东西却寥寥无几，知识也没有什么长进。在向朱熹请教以后，他终于明白了问题的关键所在，最终成为了一个学识渊博的人。

确实，在读书的过程中，如果你囫囵吞枣、一目十行、匆匆而过，那么再好的书也会被浪费掉。相反，如果你能够深入钻研、细细咀嚼，用脑想、用心记，吸收其中的精华，就能真正学到知识，而不至于"消化不良"。

131

指点迷津

1. 学会带着问题去读书，这样就可以让读书带有一定的针对性和目的性，而不是泛泛而读。另外，这样做也可以加深你对所读内容的理解，提高你的学习效率。

2. 平时在学习的过程中，要记得随时做笔记，记录精彩的地方和自己不理解的地方，这样能够收到更好的学习效果。

3. 对于课外书，要根据自己的爱好，有针对性和选择性地去读。一

本好书往往还会使你的精神世界得到充实、思想境界得到提高、道德情操得到陶冶，帮助你成为受老师和同学欢迎的人。

一 句 话 心 灵 启 发

把一页书好好地消化，胜过匆匆地阅读一本书。

三个商人

——懂得休息的人才懂得学习

从前，有三个商人，他们是亲兄弟，但他们的人生观和价值观截然不同。他们聚在一起的时候，常常喜欢争论谁是对的、谁是错的。

一天，他们请来了一位很有学问的老者为他们评评理、打打分。

其中，老大说："我经营的生意现在正面临难关，几乎就要倒闭了，但是我有一位好妻子，她并不责怪我。反正我们的钱也够花上十来年的，不如及时行乐，走一步看一步。"

学者听完为他打了五十分。

老二接着说："我经营的生意状况特别好，但是我很少有时间和家人待在一起，即便这样我也没有什么遗憾的，只要能够完成我

的梦想，成为亿万富翁，付出再多我也愿意。"

学者摇摇头，也为他打了五十分。

这时，老三开口了："我现在虽然每天忙着赚钱，但我同时也尽力照顾我的家人，朋友们和我很谈得来，我们经常在钓鱼或打高尔夫球时，就谈成了一笔生意。啊！这生活是多么美好啊！"

学者听完，为他打了一百分。

想一想

① 三兄弟中为什么只有老三得了一百分？这说明了什么？

② 如果让你选择，你愿意成为他们三兄弟中的哪一个呢？

③ 这个故事给你带来的启发是什么？

心·灵·成·长·课·堂

　　小朋友们，三兄弟对生活和事业的态度各有不同，如果让你选择的话，你愿意选择哪种呢？相信你一定会选老三的生活方式，因为他懂得休息和娱乐，在这个过程中，他就谈成了自己的生意。这个故事说明了什么呢？

　　这个故事告诉我们，一个人活在世上不能无欲无求、无所作为，也不能过分地去追求名利，而是要懂得休息，学会劳逸结合。引申到学习中就是，要合理分配自己学习与休息的时间。一个人如果在很疲劳的状态下

学习，那么必定是收不到什么好效果的。当然了，劳逸结合并不是不劳而

获，要记住：天下是没有免费的午餐的!

1. 把主要的精力放在学习上，并且学会苦中作乐，找到学习的乐趣

所在。

2. 有位哲人说过："爬山的时候，别忘了欣赏周围的风景。"同

样，在学习的时候也不要忘了玩耍，这样才不会成为别人口中的"书呆

子"。标准的劳逸结合不仅可以让你的学习效果事半功倍，还可以让你的

大脑得到调节和休息，更好地去工作。

3. 不要沉迷于电脑游戏。现在很多电脑游戏的设计对小朋友们的吸引力太大了，你可以适当玩玩，但同时要记得培养自己的自控能力，不要沉溺其中，难以自拔。如果你的自控能力不是那么好，那么建议你从一开始就远离它。

Part 5 做最好的自己

钻石宝地

——你自己就是宝藏

古时候，有一个叫阿里·哈菲德的波斯人住在离印度河不远的地方。阿里是一个很富裕的人，他有一个很大的农场，以及果园、田地和花园，他还把钱借给别人，收取利息。

可是，有一天，一切都改变了。这天，一位僧侣去拜访阿里，他是一位来自东方的智者。他在火旁坐下后，便开始给阿里讲述世界是怎样形成的。后来，他讲道："一粒凝固的阳光就是一块钻石。如果你有拇指大的一块钻石，就能把自己的整个国家买下来；如果你有一个钻石矿，那么就能利用这巨大的财富让自己的孩子们都坐上王位。"

听完了僧侣讲的事情以后，阿里·哈菲德彻底地觉得自己已经是个穷人了。他暗暗发誓，"我一定要得到一个钻石矿"。那天夜

里，他失眠了。

第二天一大早，阿里将僧侣从梦中摇醒，对他说："请你告诉我在哪儿能找到钻石。"

"钻石？你要钻石干什么？"那僧侣问道。

"当然是想让自己变得更富有了。"

"那么，好吧，去找钻石吧。你该做的就是：去找它们，然后它们就是属于你的了。"

“但是我不知道到哪儿去找。”

“嗯，如果你看到一条河，河水从白色的沙子上流过，两边是高山，你就能在这些白沙子里找到钻石。”

“我不认为有这样一条河。”

“有的，并且很多。你该做的就是去寻找它们，然后你就会拥有它们。”阿里说：“好，我这就去。”

所以，他把农场卖掉，还索回了贷款，将家人托给一个邻居照管，在一个清晨就上路去寻找钻石了。他肯定是在月亮山开始寻找的。然后，又去了巴勒斯坦，接着辗转进入欧洲，最后，他分文未剩、衣衫褴褛、困苦不堪、一贫如洗。一天，他站在西班牙巴赛罗纳海湾的岸边，两边悬崖壁立，一个大浪毫不留情地向他打来，这个可怜的人，饱经苦难和打击，奄奄一息，抵抗不住一种可怕的冲动，便跳进了迎面而来的潮水中，淹没在白沫翻滚的浪涛下，从那以后再也没有站起来。

　　一天，那个买下了阿里农场的人牵着骆驼去花园里饮水。园里的小溪很浅，当骆驼将鼻子伸到水里的时候，他发现：小溪底部的白沙子里有一道奇异的光芒。顺着这道光芒，他从小溪里挖出了一块黑色的石头，只见它熠熠发光，如彩虹般灿烂。他把这个石头拿进屋里，放在壁炉架上，后来就把它忘掉了。

　　没过几天，那位僧侣又来拜访这个人，一开客厅的门，就看到了壁炉架上的那道闪光，他冲过去，喊道："这是钻石！难道是阿里·哈菲德回来了？"

"啊，不对，阿里·哈菲德没有回来，那也不是钻石，不过是块石头，就在我们家的花园里找到的。"

僧人说："但是，我告诉你，我认识钻石，我可以肯定它就是钻石。"

然后，两个人一起来到了花园里，用手将白沙子挖起来，天啊！他们发现了一块更有价值、更美丽的钻石。

想一想

❶ 阿里本来是个很富裕的人，可是为什么在听完僧侣讲的话以后，觉得自己变贫穷了呢?

❷ 阿里为什么客死他乡?

❸ 这个故事说明了什么?

心●灵●成●长●课●堂

阿里之所以觉得自己变贫穷了，不是因为他拥有的财富减少了，而是因为外界对他的影响。其实，别人对自己的评价总归是他们的看法，我们无须活在别人的世界里，只要做好自己就可以了。

做好自己需要一种自信的心态，自信是对自我能力和自我价值的一种肯定，是相信自己就是"宝藏"的一种魄力。美国作家爱默生就曾说过：

　　"自信是成功的第一秘诀。"是的，在影响人生成功的诸多要素中，自信是居于首位的。有自信，才会有成功。

　　古人云："人不自信，谁人信之。"建立自信，应该从相信自己、赏识自己做起。小朋友们在平常的学习过程中，一定会遇到困难和挫折，一定会有想要放弃的时候，这个时候，一定记得在心底轻轻地告诉自己：我是独一无二的，我就是自己的宝藏！

指 点 迷 津

1. 成功永远属于自信者，自卑者注定与成功无缘。当你真正建立了自信，才能一步步取得学习上的成功。

2. 一个人只有做自己喜欢且擅长的事情时，才容易达到那种专注、忘我的境界，才更容易取得成功，因此一定要培养自己的学习兴趣。

3. 阿基米德曾经说过："给我一个支点，我就能够撬动地球。"确实，相信自己就能够唤醒沉睡的潜能，取得巨大的成功。

一 句 话 心 灵 启 发

人生的价值，是由人自己决定的。

秀才赶考

——心态积极，成就最好的自己

古时候，有一位秀才第三次进京赶考，住在一个经常住的店里。考试前两天他做了三个梦，第一个梦是梦到自己在墙上种白菜；第二个梦是下雨天，他戴了斗笠还打伞；第三个梦是梦到跟自己心爱的姑娘背靠背地躺在一起。

这三个梦似乎都有些深意，秀才第二天就赶紧去找算命先生解梦。算命先生一听，连拍大腿说："你还是回家吧，你想想，高墙上种菜不是白费劲吗？戴斗笠打雨伞不是多此一举吗？与心爱的人背靠背睡在一起，不是没戏吗？"

秀才听了，心灰意冷，回店收拾包袱准备回家。店老板非常奇怪，问："不是明天才考试吗，今天你怎么就要走了呢？"

秀才把事情的经过说了一遍，老板乐了："哟，我也会解梦的。我倒觉得，你这次一定要留下来。你想想，墙上种菜，就是'高种'呀；戴斗笠打伞说明你这次是有备无患啊；跟心爱的人背靠背躺在一起，就是说你翻身的时候到了。"

秀才听了，觉得很有道理，于是精神振奋，留了下来，参加完考试后果真中了个探花。

秀才前去拜访店老板，对店老板千恩万谢，但是店老板却只说了一句话："心境决定人生成败！"

　　秀才一直将店老板的这句话记在心里，在以后的仕途中，每当遇到难以解决的事情时，就想起店老板的这句话，然后一路平步青云，最终成为了一名受老百姓爱戴的大官。

想一想

❶ 秀才在考试前做了三个什么样的梦？

❷ 算命先生和店老板对三个梦的解析分别是怎样的？

❸ 这个故事说明了什么？

心·灵·成·长·课·堂

　　秀才在听完了算命先生的话后，心灰意冷，决定放弃考试，起程回乡。然而在听了店老板另一番别有洞天的解释后，却精神振奋，果真如愿以偿。这说明消极的心态就像一片乌云，笼罩在一个人的头顶，给人生投下沉重的阴影，让人看不到希望，看不到出路；而积极的心态则相反，它就像一缕阳光，给人带来光明和希望。

　　一位哲人曾经说过："生活是由思想造成的。"也就是说，如果我们

心里都是快乐的念头，我们就会快乐；如果我们想的都是悲伤的事情，我们就会悲伤；如果向往成功，那么付出努力就一定会取得成功；如果我们整日沉浸在自怜里，那么就一定会失败。这就如同两个口渴的人面对同样的半杯水，悲观者会说："真不幸，只有半杯水了。"而乐观者则会说："真好，还有半杯水呢！"引发快乐的原因，并不在于水量的多少，而在于人们看待问题的态度。

　　小朋友们在学习的过程中也是如此，如果遇到了困难，就应主动出击，坚信自己能够打败它，这样就一定能够成为最好的自己。

指 点 迷 津

1. 心态是我们对待万事万物的看法和态度，是我们采取一切行动的基础，有了积极的心态，我们就在成功的道路上走了一半。

2. 一次考试的失利并不代表什么，重要的是保持乐观的心态，吸取经验和教训，争取下次做到最好。

一 句 话 心 灵 启 发

积极的心态像太阳，照到哪里哪里亮；
消极的心态像月亮，初一、十五不一样。

发生巨大转变的人

——永远不要自暴自弃

巴尔扎克的父亲是一位金融实业家，工作很忙，没有时间照顾家庭。母亲则对子女很冷漠，几乎不闻不问。所以童年时期的巴尔扎克根本没有享受到任何家庭的温暖。

八岁那年，父母把巴尔扎克送到一所寄宿学校去读书。学校管理学生非常严格，不许大声说话，不许随便走动，整个校园就像一所监狱一样，这令调皮的巴尔扎克感到非常压抑。他不喜欢循规蹈矩，也不喜欢学习，成绩非常糟糕，经常被老师关在小黑屋里面壁思过，这使巴尔扎克的自尊心受到很大伤害，并且激发了他的叛逆心理。

后来，学校来了一位年轻的新老师，对巴尔扎克很好，经常给

他补习功课。有一天，这位老师把巴尔扎克叫到了办公室，递给他一本书说："这是一本法国历史书，你拿去好好看一下，一周后还给我。"

过了三天，巴尔扎克把书看完了，还给老师。老师考了考巴尔扎克，结果巴尔扎克把书中的重点内容都讲了出来。老师既惊讶又高兴，对他说："以后你想要什么书，随时都可以来找我，我借给你看。"就这样，巴尔扎克经常向这位新老师借书，他的兴趣非常广泛，哲学、科学、历史等方面的书都喜欢看，尤其对文学名著，他更是如获至宝、爱不释手。巴尔扎克读书的速度很快，看似顽皮的他却有着极强的记忆力和分析理解能力，他不仅善于抓住书里的中心内容，而且对书中具体的人名、地名、故事详细经过等，都能记得清清楚楚。通过阅读大量的图书，巴尔扎克积累了丰富的知识。

后来，在不断的努力下，巴尔扎克创作出了《人间喜剧》《欧

也妮·葛朗台》《高老头》等九十多部中长篇小说，成为了十九世

纪法国著名作家，欧洲批判现实主义文学的奠基人和杰出代表。

想一想

❶ 巴尔扎克为什么几乎成了一个"问题少年"？

❷ 是什么促使巴尔扎克爱上了学习，发生了巨大的转变？

❸ 读完这个故事，你的感想是什么？

心•灵•成•长•课•堂

　　由于父亲的疏忽、母亲的冷漠，巴尔扎克享受不到任何来自家庭的温暖，加上学校严苛的管理制度，巴尔扎克自暴自弃，几乎成了一个"问题少年"。好在后来他遇到了一位非常好的老师，从这位老师那里，他得到了温暖、得到了鼓励，渐渐地爱上了学习、积累了丰富的知识，终成大器。其实，很多事情，我们都要善于从正面的意义去理解它，有一句这样的话："生活的风浪并无恶意，它只是让我们变得更坚强些。"无论是家

庭的不幸，还是其他原因，都不能成为我们自暴自弃的借口。

无独有偶，还有这样一个故事。

有这样一个人，他从很小的时候起，就知道父亲是个赌徒，母亲是个酒鬼；父亲赌输了，打完母亲再打他；母亲喝醉后，同样也是拿他出气。拳打脚踢中，他渐渐地长大了，经常是鼻青脸肿、皮开肉绽。

跌跌撞撞读到高中时，他便辍学了。接下来，街头流浪的日子让他备感无聊，而那些绅士淑女们蔑视的眼光更让他觉得惊心。他一次次地问自

己：这样下去，不是和父母一样了吗？成为社会垃圾、人类渣滓，带给别人留给自己的都是痛苦。难道自己一辈子就在别人的白眼中度过吗？

在一次又一次的痛苦追问后，他下定决心走一条与父母迥然不同的道路。但自己又能做些什么呢？他长时间地思索着。从政，可能性几乎为零；进大企业去发展，学历与文凭是目前不可逾越的高山；经商，本钱在哪里……最后，他想到了去当演员。这一行既不需要学历，也不需要资本，对他来说，实在是条不错的出路。可他哪里又有当演员的条件呢？相貌平平，又无天赋，再说他也没受过什么专业训练啊！然而，决心已下，他相信自己能吃世间所有的苦而永不放弃。

在经历了万千波折以后，幸运之神对他露出了笑脸。他的第一集电视剧就创下了当时全美的最高收视纪录，他就是大家都熟悉的电影巨星——史泰龙。

小朋友们，无论生活是怎样对待你的，你始终都要面带微笑，不抛弃，不放弃。

指 点 迷 津

1. 生活中，有些同学胸无大志，虚度年华；有些同学荒废学业，头脑空虚；有些同学不讲道德，没有涵养……这都是非常让人遗憾的，因此我们要引以为戒，拿出真诚的心认真地对待生活和学业。

2. 一个人要想在学业方面有所成就，难免会遭遇挫折，遇到困难。要知道，挫折和困难只能吓住那些性格软弱的人，对于真正坚强的人来说，任何困难都难以使他就范。相反，困难越多，对手越强，他们奋斗的动力就越足。

3. 我们要善于从不利的事情中看到有利因素，正如一位哲人所说："对那些有着积极心态的人来说，每一种逆境都隐含着一种等量或更大的利益种子。"

认真读书的玛妮雅

——专注于一件事情

从前，波兰有个叫玛妮雅的小姑娘，学习非常专心，任凭周围怎么吵闹，都分散不了她的注意力。

一次，玛妮雅在做功课，她姐姐和同学在她面前唱歌、跳舞、做游戏，玛妮雅就像没看见一样，在一旁专心地看书。

姐姐和同学想试探她一下。她们悄悄地在玛妮雅身后搭起几张凳子，只要玛妮雅一动，凳子就会倒下来。时间一分一秒地过去了，玛妮雅读完了一本书，凳子仍然竖在那儿。从此姐姐和同学再也不逗她了，而且像玛妮雅一样专心读书、认真学习。

玛妮雅长大以后，成为了一位伟大的科学家，获得了诺贝尔物理奖，她就是居里夫人。

想一想

❶ 别人在玩耍的时候，玛妮雅为什么能够一心一意地做功课？

❷ 为什么玛妮雅的姐姐和同学也开始认真读书？

❸ 你应该怎样向玛妮雅学习呢？

心·灵·成·长·课·堂

　　别人在玩耍的时候，玛妮雅却能够一心一意地做功课，这说明玛妮

雅是一个非常专注的人。所谓专注，就是指心无旁骛地干好一件事。历史

上，平庸者成功和聪明人失败一直是一件令人惊奇的事。人们通过仔细分

析，发现出现这个现象的原因在于，那些看似愚钝的人有一种顽强的毅

力，有一种在任何情况下都坚如磐石的决心，有一种从不受任何诱惑、不

偏离自己既定目标的专注力。是的，一个人能不能取得成就，不在于你有多高的天分，而是在于你能不能心无旁骛地干好每一件事。

有不少小朋友都认为读书是一件又苦又累的事情，时常为眼前的许多其他事情分散精力。其实，一个人的精力是有限的，把精力分散在好几件事情上，不是明智的选择。因为在通常状况下，这样几件事情都不会做得很好。而如果每次专心地做好一件事，精力便能够集中，也必定

会有所收益。等这件事做完后，再去做下一件事，这样每件事就都能够做得很好了。

在学习的过程中也是如此，只要你专注下来，一心一意地去学习，就会变得快乐而又有成效，也不会被那么多的目标所淹没。

指 点 迷 津

1. 珍惜时间，培养对学习的兴趣，告诉自己，正在做的事情正是自己最喜欢的，然后高高兴兴地去做。

2. 不要让自己轻易地受到外界因素的干扰，相信自己的"定力"，让每一分钟过得充实起来，久而久之，专注自然会成为你的好习惯之一。

老农移石

——没有想象中的那么难

从前，有一位非常勤劳的农民伯伯，无论刮风下雨还是烈日当头，他都日复一日地在田间辛苦地劳作，他的庄稼往往是所有庄稼里面长势最好、收成也是最好的。

其他村民都很羡慕他，纷纷向他打听好收成的秘诀，这位农民伯伯倒也很大方，告诉人们："要想有个好收成，必须要勤松土、勤拔草，如果天气干旱的话，那就要多浇水……"

其实，这位农民伯伯也有自己的烦心事，他告诉人们："你们还不知道吧，多年以来，我的田地里始终躺着一块大石头，这块大石头碰断了我的好几把犁头，还弄坏了我的播种机。这块巨石几乎成了我的一块心病，否则的话，我的收成肯定还会更好的！"

村民们纷纷叹气，有的人说："不如我们明天帮你去挪了这块

大石头吧？"

农民伯伯说："那可是很大很大的一块石头，我们肯定挪不动它的。"

好心的人们也只好作罢。

终于有一天，在又一把犁头被巨石碰坏之后，想起巨石给自己带来的无尽麻烦，农民伯伯下决心清理这块巨石。于是，他找来撬棍伸进巨石底下，却惊讶地发现，石头埋在地里的部分并没有想象中的那么深，稍使劲道就可以把石头撬起来，再用大锤打碎，清理

出田里。

　　老农脑海里闪现过多年被巨石困扰的情景，再想到原来这么容易就可以把这桩头疼事解决掉，禁不住一脸的苦笑。

　　❶ 为什么那么多年以来农民伯伯都没有下定决心清理巨石？

　　❷ 当巨石被清理之后，农民伯伯为什么一脸苦笑？

　　❸ 这个故事说明了什么道理？

　　很多年过去了，这位农民伯伯一直没有下定决心清理这块影响自己收成的巨石，甚至当其他的村民提出帮助他一起清理时，他也由于害怕困难而没有答应。然而，当他真的下定决心去清理的时候，却发现这件事情原来是那么的简单。

　　这个故事提示我们，生活中的很多事情都没有想象中的那么困难，学习也是如此。所谓的困难，其实就是一个"假想敌"，当你真正去与它交

战的时候，会发现它其实是非常不堪一击的。

法国大作家大仲马曾经发表过一百多部小说，他白天同自己作品中的主人公生活在一起，晚上常和朋友们聊天谈心。有位朋友问他："你长年累月地苦写，怎么精神仍然这么好？"

大仲马回答说："我根本没有苦写过。"

"你天天钻在书房里，那是怎么回事？"

大仲马说："我不知道，你去问一棵梅树是怎样生产梅子的吧。"

原来，大仲马把写作当作乐趣，当作很自然的事，所以他就感觉不到

苦。无论做什么事，你把它当作很自然的事，不要在行动之前就设想出许多负面的结论，做起来就容易多了。

<hr />

指 点 迷 津

1. 在学习的过程中，如果你一味地想避开困难，它们反而会对你穷追不舍。此时，最好的方法莫过于不要那么看重它们，与它们抗争到底。

2. 在学习知识的过程中，遇到问题应立即想办法去解决，而不是讳疾忌医或拖延了事，那样的话只会使问题积压得越来越多，时间久了，就真的很难解决了。

3. 通往成功的道路决不是坦途，它总是呈现出一条波浪线，有起也有落，你一定要有信心坚持到底。

一 句 话 心 灵 启 发

真正的困难往往不是困难本身，而是我们对困难的畏惧。